監修者――五味文彦／佐藤信／高埜利彦／宮地正人／吉田伸之

［カバー表写真］
東京オリンピック開会式
自衛隊機による五輪マーク

［カバー裏写真］
第二回日米野球のポスター

［扉写真］
ベルリン五輪スタジアムに
はためく日章旗

日本史リブレット 58

スポーツと政治

Sakaue Yasuhiro
坂上康博

目次

スポーツと政治のデリケートな関係

アメリカから来日したプロ野球チーム、サンフランシスコ・シールズが後楽園での対巨人戦を皮切りに日本チームに七戦全勝したのは、敗戦からおよそ四年たった一九四九(昭和二十四)年十月。日本はまだアメリカを中心とする連合国軍の占領下にあった。

日米野球のレベル差は、まだまだ大きかったが、しかしすべてのスポーツで日本がアメリカに劣っていたわけではなかった。その筆頭にあげられるのが水泳であり、この年の八月、ロサンゼルスで開催された全米男子戸外選手権大会では、八〇〇メートル・リレーをはじめ五種目で日本選手が優勝を果たし、うち三種目では一位から三位を日本選手が独占し、アメリカ勢を圧倒した。日本選手が出した世界新記録は九つにのぼったが、とくに出場した五種目すべてで世界新記録を出した古橋広之進――「フジヤマのトビウオ」の活躍は、アメリカ国民を驚嘆させ、日本中を熱狂させた。

当時日本に滞在していたオーティス・ケリー。サンフランシスコ・シールズとの日米野球対抗戦を見に行った彼は、最初は日本に勝たせたいと思ったが、観衆と選手の態度を見てむしろアメリカチームが勝ったことを喜んだといい、また、古橋ら日本水泳陣の活躍をめぐるラジオや新聞、そして日本中の沸きかえり方をながめて、「このままでいいのだろうかと真剣に考えた」という。

ケリーの危惧。それは『日本の若者』という彼の著書のなかで表明されたものだったが、スポーツによって引き起こされた熱狂に一体どのような危惧を感じたというのだろうか。日本人の対米感情の悪化？　いや、そんなレベルの問題ではない。敗戦後も消滅することなく、社会の底辺にちりばめられて潜在しているナショナリズムや軍国的な勝敗観念の現われ――これこそがケリーを不安にしたものの正体だ。こう指摘したのが丸山真《まさ》男《お》▲だった。

▼**丸山真男**　一九一四～九六年。政治学者として東京大学で教鞭をとるとともに、日本軍国主義やナショナリズム、ファシズムなどに関する評論を次々に発表し、戦後の論壇に大きな影響を及ぼした。丸山のこの指摘は、「日本におけるナショナリズム――その思想的背景と展望」(『中央公論』一九五一年一月号)でなされた。

●―1949年の日米野球　来日したサンフランシスコ・シールズの選手と並ぶオール・ジャパンの別当薫と藤村富美男。

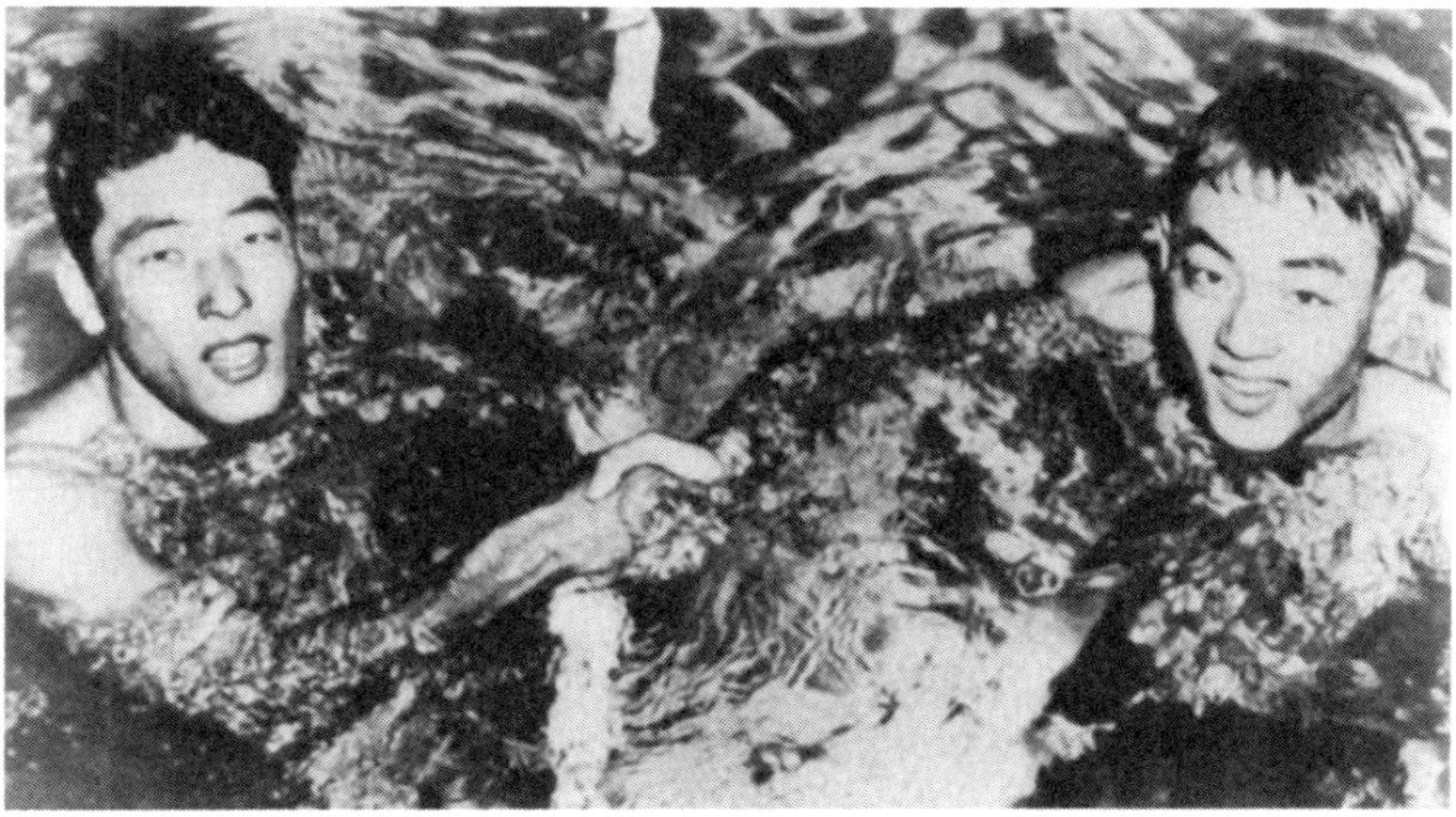

●―全米男子戸外選手権大会　1500メートル自由形で、1～3位を独占した直後の日本選手。左から1位・古橋広之進、2位・橋爪四郎。

つづけて丸山はいう。たしかに日米野球や全米水泳選手権大会をめぐる人々の熱狂を一直線に軍国主義精神の台頭に結びつけたら、それは滑稽というほかない。そこでは問題は明白に非政治的、私的領域でのことだからである。ケリーも、それほど直接的な意味で危惧したわけではなかろう。しかし、政治の力学はまさにそうした一見政治とはかかわりのない日常的行動様式が蓄積されて、ある瞬間に突如巨大な政治的エネルギーに転換することをしばしば教えている。それが政治的世界に姿を現わす地平線は、きわめてデリケートである。日の丸や君が代の復活も一つ一つ切りはなして見れば、それほど大した事件ではないが、それが警察予備隊の設置とか海上保安隊の増強とか、日本再武装とかの文脈のなかで考えられる場合には、そこにある政治的動向の萌芽を認めても、あながち杞憂とばかりはいえないのである。

この丸山の指摘は、スポーツと政治の関係を考える際に必要不可欠な二つの視点を私たちに示しているように思う。第一に、スポーツもまたある瞬間に巨大な政治力となる可能性を秘めているが、その働きが非政治的で私的なレベルにとどまっているか、あるいは政治的なものとなっているかは、きわめてデリケートな問題であり、この点を慎重に見極めていかなければならないこと。

第二に、それと同時に、スポーツの政治的な働きを見極めるには、それをより広い政治的な文脈のなかにおいてとらえていかなければならないことである。

この丸山の指摘から半世紀が過ぎ、スポーツ史やスポーツ社会学などの分野でも多くの研究がなされるようになっているが、彼が示したこれらの視点は今日でも色褪せておらず、むしろその重要性を高めているとさえ私には思われる。

本書では、この丸山の指摘を導きの糸としながら、スポーツと政治の関係を追跡していきたい。興味ぶかいトピックスは無限にあるが、ここでは野球をはじめとするスポーツが学校の枠を越えて普及し、人々を熱狂させるようになる一九二〇年代以降を対象とし、①皇室によるスポーツ奨励、②思想善導政策、③ベルリン五輪、④戦時下のスポーツについて取りあげ、最後に戦後におけるスポーツのあり方を概括するために、⑤モスクワ五輪について考えてみたい。

限られた事例からではあるが、本書がスポーツを通して近代天皇制や国民統合、ファシズム、戦争といった近現代史の重要なテーマについて考える手がかりとなることができれば、と思う。

①――天皇杯の誕生――新しい皇室像とスポーツ

元旦の天皇杯

毎年元旦に決勝が行なわれるサッカー全日本選手権大会。イングランドのFAカップをお手本にしたこの大会は、プロ、アマを問わず、誰でも参加可能なオープンの大会であることから、多くのチームが予選に参加し、その数は六五七八(二〇〇〇年)にものぼっている。また、トーナメントによる勝ち上がり方式というのがもうひとつの特徴で、これによって下位チームが上位チームを破るなど思わぬ波乱やドラマが生まれ、これが独特の魅力となっている。

その頂点を決めるのが元旦の決勝戦だが、たいていの人は、それを「天皇杯」と呼んでいる。その理由は簡単で、優勝チームに授与される優勝カップが昭和天皇から下賜《かし》されたもの、つまり天皇杯であるからだ。

一九四七(昭和二十二)年四月、昭和天皇は、明治神宮競技場で行なわれた復活第一回東西対抗サッカー試合を皇太子を伴って観戦し、試合終了後にグラウンドに降り立ち、選手や協会関係者を激励した。天皇杯は、この観戦が契機と

●──東西対抗サッカー試合の後グラウンドに降り立った昭和天皇と皇太子(1947年)

●──サッカー天皇杯　現在のサッカー天皇杯(写真)は、1966年6月に再下賜されたもの。

なり、翌四八年七月に下賜されたものである。

　これ以降、全日本軟式野球大会などの大会にも天皇杯が下賜されるようになり、また、男女両方の部がある国民体育大会▲をはじめ全日本実業団バレーボール選手権大会、全日本バスケットボール総合選手権大会などには、天皇杯だけでなく皇后杯も下賜されるようになる。優勝カップの提供者は、天皇・皇后に限らない。たとえば、軟式野球の大会には、高松宮《たかまつのみや》杯や常陸宮《ひたちのみや》杯、秩父宮《ちちぶのみや》妃《ひ》杯が、バスケットボールの大会には高松宮杯、高松宮妃杯などが下賜されている。

　天皇杯と皇后杯、そして各皇族杯。それらは、現在相当な数にのぼっているが、その大半が四八年のサッカー天皇杯以降に下賜されたものである。だが、すべてがそうなのではない。

　東京六大学野球リーグへの天皇杯の下賜は、四六年十一月であり、サッカーの天皇杯よりも二年ほど早い。ただし、このばあいは、再下賜といった方が正確である。東京六大学野球の優勝カップは、すでに二六(大正十五)年十月に皇太子裕仁《ひろひと》、のちの昭和天皇より下賜され、以後春・秋リーグ戦の優勝校に授与

▼国民体育大会　一九四六年に日本体育協会の主催ではじまった国内最大規模の総合競技大会。天皇杯・皇后杯の下賜は、第三回大会でなされ、第四回から主催団体に開催地の都道府県、さらに第五回からは文部省が加わり、三者共催となった。全国持ち回り方式で毎年開催され、八七年の第四二回沖縄大会で全国を一巡した。各競技は都道府県対抗方式で行なわれ、競技ごとの順位を競うとともに、得点合計によって男女総合優勝(天皇杯)、女子総合優勝(皇后杯)を競う。

●──第 4 回国民体育大会に臨席した昭和天皇・皇后(1949年)

●──国民体育大会に下賜された天皇杯・皇后杯

されていったが、太平洋戦争下の四三年四月、リーグ解散とともに宮内省に返納された。これが、戦後の秋季リーグ戦の再開に際して、天皇杯として再下賜されたのである。

さらに記録をたどっていくと、そのもっとも古いものは二二年にまでさかのぼることができる。寄贈者は当時二一歳の皇太子裕仁。その優勝カップは「東《とう》宮《ぐう》杯」や「摂政宮《せっしょうのみや》杯」と呼ばれていた。東宮とは皇太子の呼称であり、摂政とは天皇の代行役にほかならない。

昭和天皇の皇太子時代、どのようにして優勝カップの下賜が始まったのか？ また、その歴史的な意味は何だったのか？ こうした問題を検討しながら、ここではスポーツと近代天皇制の関係について考えてみることにしよう。

皇太子のスポーツ熱

スポーツにあまりに「御熱心」な皇太子裕仁をみて、母貞明《ていめい》皇后が宮内大臣牧野伸顕《のぶあき》に不安の声をもらしたのは、一九二二（大正十一）年九月のことだった。久邇宮良子《くにのみやながこ》との婚約が正式のものとなり、御納采《ごのうさい》の儀（結納）を直前にひかえていた頃である。

「スケートを除いて、たいていの運動はやってみたが、手広くやりすぎて、どれもあまりモノにならなかった」というのが裕仁本人の評価だが、彼のために新宿御苑の一角にテニスコート二面がつくられたのも、赤坂離宮に四ホールのゴルフコースが完成したのも、また、弟の秩父宮、高松宮らとともにスキーを初めて試みたのもこの年、一九二二年であった。皇太子裕仁はこの時、摂政として、病状が悪化していた大正天皇の代役をつとめていたが、政務の合間をぬってさまざまなスポーツを積極的に試みたのだった。

その前年の二一年三月、皇太子裕仁は、軍艦「香取」でヨーロッパ外遊に旅立ち、イギリス、フランス、ベルギー、オランダ、イタリア諸国を訪問し、九月に帰国した。皇太子が海外に出るという前代未聞のニュースは、新聞や雑誌、映画等によって一部始終大々的に報道され、とくにヨーロッパ訪問中の皇太子の「平民的な御態度」が国民的な反響を呼んだ。一方、こうした状況と並行して宮内省は、地方官に対して「皇室と国民との間を一層親密にする」よう指示し、宮城の警備のソフト化や皇室報道の規制緩和など、皇室の開放政策をおし進めた。

こうして、「平民主義の皇太子」に対する爆発的な人気、そして皇室開放政策の成功のうえに、十一月二十五日、皇太子裕仁は摂政に就任したのであった。そしてこの直後から、皇太子裕仁自身がスポーツマンであり、また熱心なスポーツファンであることがメディアを通して国民のあいだに流布されるようになる。

その最初のニュースが、皇太子裕仁の要望によって、宮城内のテニスコートに全英テニス選手権大会やデビスカップで名声を高めた清水善造《しみずぜんぞう》らを招待して開催された台覧《たいらん》試合であろう。それは、摂政就任から数えて三週間後のことであった。

そして、摂政就任間もない時期にスポーツマンとしての皇太子裕仁の存在をもっとも強烈にアピールしたのが、翌二二年四月、東京の駒沢ゴルフクラブで行なわれた英国皇太子エドワードとのゴルフマッチであった。

こうして皇太子裕仁は、貞明皇后が不安にかられるほどスポーツに力を注ぐとともに、宮城の外でも、スポーツとのかかわりを強めていくのである。

●―プリンス・オブ・ウェールズ・カップを最初に獲得した400メートル優勝の納戸徳重

●―東京六大学野球リーグへ下賜された東宮杯

東宮杯は、まさにこうした流れの中で登場する。純銀製の優勝カップ、東宮杯。それは、英国皇太子とのゴルフマッチから七カ月後、十一月に東京帝大農学部運動場で開催された第一〇回全日本選手権陸上大会の十種競技の優勝者に授与された。この大会は、翌年に開催される第六回極東選手権競技大会の予選を兼ねていたが、この大会に出席した皇太子裕仁は、自身のスポーツ奨励の意志を東宮杯の下賜と令旨《りょうじ》の朗読によって披露してみせたのである。

東宮杯の登場は、イギリス王室の模倣という色彩が色濃い。この大会では、四〇〇メートルの優勝者にプリンス・オブ・ウェールズ・カップが授与されたが、これは、先に来日したエドワード皇太子より下賜されていたものであった。この英国皇太子のカップが、東宮杯登場の直接的な引き金となったとみていいだろう。

ところで、日本のスポーツのなかで当時からもっとも人気を集めていたのが野球であり、東京六大学野球リーグ▲と全国中等学校野球大会▲、全国選抜中等学校野球大会▲がその中心的存在であったが、皇太子裕仁は野球にも接近をはかる。この年の十二月、皇太子裕仁は、香川での陸軍特別大演習を統監し、四国を巡

▼東京六大学野球リーグ　早稲田、慶應義塾、明治、法政、立教、東京の六大学による野球のリーグ戦。一九二五年に設立された東京六大学野球連盟の主催で、同年秋からリーグ戦が始まった。春季・秋季の一年二シーズン制。

▼全国中等学校野球大会　夏の甲子園大会の戦前版。朝日新聞社の主催で一九一五年、大阪の豊中球場で第一回大会が始まった。第三回大会から兵庫の鳴尾球場に、二四年の第一〇回大会から六万人収容の甲子園球場(同年八月竣工)に舞台を移した。

▼全国選抜中等学校野球大会　春の甲子園大会の戦前版。毎日新聞社の主催で一九二四年、名古屋市郊外の山本球場で第一回大会が行なわれ、第二回大会からは甲子園球場に舞台を移した。こうして、朝日・毎日という二大新聞社によって、春・夏の甲子園大会が開催されるようになった。

啓した後、全国中等学校野球大会で史上初の二連覇を果たした和歌山中学を訪問し、ここではじめて野球を台覧するのである。

翌二三年にも、皇太子裕仁は自らがスポーツマンであることを強烈にアピールする。富士登山がそれである。七月二十七日午前五時、白のヘルメット帽、白の縞の運動服、運動靴に巻脚袢《まききゃはん》を巻いて、愛馬「上高」に乗って出発した皇太子裕仁は、八合目からは馬を降りて徒歩で登り、午前十一時五分、富士登頂に成功した。

一方、燕岳から常念山脈を縦走していた弟の秩父宮も、二十七日には、日本のマッターホルンと呼ばれる槍ヶ岳を越え、上高地に降りたった。シャツ一枚でリュックサックを背負い、終始先頭に立って日本アルプスを縦走する秩父宮の姿も、連日新聞で報道された。大正天皇の第一皇子裕仁、第二皇子秩父宮が、日本の最高峰富士、そして日本アルプスを時を同じくして踏破したのである。

当時下賜された東宮杯・摂政宮杯のなかで、大衆的な注目度がもっとも高いのが大相撲の「摂政宮賜杯《しはい》」であろう。これは、二五年の皇太子の誕生祝に上覧相撲が催され、この時の御下賜金によって相撲協会がつくったもので、翌年一月より優勝力士に授与されるようになった。そして、もう一つが先にのべたように二六年十月、東京六大学野球リーグへ下賜された優勝カップ、「東宮杯▲」であるが、これは神宮球場の球場開きに皇太子裕仁が自ら出席し、「野球奨励の思召《おぼしめし》」によって下賜したものである。

ちなみに、この二つの賜杯は今日でも引き継がれており、メディアによって「賜杯のゆくえ」が熱く報じられている。

若き皇族たちのパフォーマンス

スポーツマンとして、また熱心なスポーツファンとしての姿をアピールしたのは、皇太子裕仁だけではなかった。秩父宮が日本アルプスを縦走したことは先にのべたが、秩父宮は自らスポーツに勤《いそ》しむだけでなく、慶應対一高の野球対校戦や全国高校サッカー大会、日本選手権スケート大会、中等学校野球、京大対慶應のラグビー対校戦など、さまざまな大会を台覧した。

こうしたスポーツへの積極的なかかわりとともに、一九二三(大正十二)年五月、大阪で開催された第六回極東選手権競技大会▲の総裁に就任したことが、秩

▼東宮杯　一三ページ参照。

▼極東選手権競技大会　フィリピンの主唱で一九一三年に始まったフィリピン、中国、日本の三国による総合競技大会。日本が参加した第三回大会以降、三国持ち回り方式で開催され、マニラ、上海、東京、大阪が会場地となった。「東洋オリンピック」や「極東オリンピック」と呼ばれ、第八回大会までは隔年で、それ以降は三～四年間隔で開催されたが、満州国参加問題をめぐって日中両国が対立し、三四年の第一〇回マニラ大会が最後の大会となった。

●──第6回極東選手権競技大会(1923年)

新築された大阪の築港運動場

陸上男子100メートル

日本選手団が獲得した各種トロフィー　中央が天皇杯。

▼**運動の宮様**　第六回極東選手権競技大会の総裁をつとめた秩父宮雍仁親王の写真が『アサヒ・スポーツ』誌(一九二三年六月号)の表紙を飾った。

父宮の位置を決定づけたといっていいだろう。これ以降、秩父宮は、皇族のなかでもスポーツ奨励の最前線に立つ「スポーツマン」「運動の宮様▲」として、皇室によるスポーツ奨励のシンボル的な存在となっていくのである。

そして、この第六回極東選手権大会こそ、天皇杯がはじめて下賜された大会であり、七種目中、陸上、水泳、テニスの三種目を制して優勝を果たした日本が、大正天皇により下賜された純銀製の優勝カップ、初の天皇杯を手にしたのであった。

さらにその翌年、一九二四年には第八回オリンピック大会がパリで開催されたが、日本選手団の出発に先立って、秩父宮は、選手団が入場行進の時に掲げる国旗、巨大な大日章旗を下賜した。この大日章旗は、その後も各種の国際大会等の入場行進で必ず掲げられるようになるが、これもまた、「運動の宮様」としての秩父宮の位置を象徴するものといえるだろう。

他方、学習院の初等科に通う大正天皇の第四皇子、澄宮《すみのみや》(三笠宮崇仁《みかさのみやたかひと》)のばあいは、野球少年「キャプテン・デンカ」としてメディアに登場する。澄宮は、A・Sクラブ(アオヤマ・スミノミヤ・クラブ)という自らのチームを結成し、宮内官チームとの対戦を試みたりしたが、その様子を『東京朝日新聞』は、「キャプテン・デンカ澄宮様の野球熱」という見出しで報じている。二四年三月のことである。澄宮は、その後も、慶應対大毎野球団の試合を新宿御苑内で開催したり、関東少年野球大会の決勝を台覧するなど「野球熱」の高さを次々と披露していった。

学習院初等科に通っている天皇の皇子が、野球に夢中になっている。皇室もそれを支持し、そうした様子をメディアが堂々と報道しているのであるが、このような事態は、十数年前には想像すらできなかったことである。こうした変化がいかに劇的なものであったかを知るためには、皇太子裕仁や秩父宮の学習院初等科時代の院長が、「野球をするから学生の目付まで変り居る」などと野球を毛嫌いした乃木希典《まれすけ》大将であったことを想起すればいいだろう。

澄宮の野球熱は、皇室や宮内省職員によって支持されていた。このことをもっとも明確に示すのが、宮内省の職員野球チーム、「宮内省野球班」の存在であった。早大野球部のＯＢ等を主力にしたこのチームは、丸の内野球選手権などの対外試合で名を馳せるとともに、皇族や宮内省の高官たちの要望によって、

●—テニスに興じる皇太子・皇太子妃(一九二四年頃)

さまざまなチームを招いて親善試合を行ない、澄宮もまたこうした親善試合を熱心に観戦した。

六万人収容のマンモススタジアム、甲子園球場が完成し、全国中等学校野球大会の舞台がここに移されたのは、二四年の八月。「澄宮様の野球熱」が報じられてから四カ月後のことであった。澄宮の野球熱も、当時の野球人気の高まりを考えればごく自然のなりゆきであったといえるだろう。

しかし、こうした巷の野球熱を遮断し、そこから天皇の皇子たちを隔離することも皇室にとってはたやすいことであったはずであり、そうではなく、逆に野球への情熱をかき立てるような環境を整えたのがこの時期の皇室のあり方であったのである。

この時期、他の皇族たちもスポーツへの情熱を次々と披露していくが、その筆頭としてあげられるのはおそらく久邇宮朝融《あさあきら》であろう。久邇宮のばあいは、もっとも愛好したのはテニスであり、二五年十月に開催された女子庭球選手権大会では、自らが考案した優勝カップを下賜している。

この時期の久邇宮家は、皇族のなかでも特別の位置を占めていた。朝融の妹、良子が皇太子裕仁の妃に選定されていたからである。良子と皇太子裕仁の結婚は、関東大震災による延期を経て二四年一月に実現するが、皇太子妃となった良子自身も、薙刀《なぎなた》、体操、ダンスを日課とし、熊谷一弥《くまがいいちや》選手にテニスの指導を受けている、などと報じられるようになる。

皇太子裕仁、そしてその弟秩父宮、澄宮、そして久邇宮朝融と皇太子妃良子ら。若き皇族たちがスポーツマンであり、またスポーツの熱心な支持者であることがメディアを通して国民のあいだに頻繁に示されるようになるのである。

では、その歴史的な意味は何であったのか?

新しい皇室像とスポーツ

皇太子裕仁は、ヨーロッパ外遊から帰国後は、ベッドに絨毯、椅子に机の生活に統一し、朝食はベーコン・エッグとなり、昼夜とも洋服を着用するようになったという。スポーツもまた、こうした生活の洋風化のひとつであったとみることもできるだろう。裕仁は、後年ことあるたびにジョージ五世の名に言及し、英国王室を「実に第二の家庭」と呼んだというが、英国生まれのテニスやゴルフ、そして乗馬等は、英国に対する強い憧憬と表裏一体のものであったにちがいない。

もう少し広い視野に立って、この問題をとらえてみることにしよう。

周知のとおり第一次世界大戦とそれに伴う巨大な社会変動、デモクラシーの高揚は、ヨーロッパの世襲君主制を次々と崩壊させた。ロシア革命によってロマノフ王朝が崩壊し、ドイツ、オーストリア・ハンガリーなど英国をのぞく強国の君主制があいついで倒れ、君主制の世界的危機といわれる状況が出現した。皇太子外遊の第一の訪問国である英国は、同盟国としての重要性のみならず、実は君主制の世界的危機のなかで例外的にその存続を保った国として、日本の皇室にとって特別な重要性をもっていたのである。

先にのべたように、皇太子裕仁の外遊中に打ち出された皇室報道に関する規制緩和等、皇室が国民への接近をはかっていく姿勢を新聞各紙や雑誌は好意的に報道し、「国民の皇室」「平民主義の皇太子」といったメッセージを流布していった。メディアを積極的に利用しながら進められた新しい皇室像づくり。それは、英国王室をモデルとした皇室の生き残り戦略であり、英国皇太子とのゴル

フマッチや東宮杯の下賜に象徴されるように、スポーツもまたこうした戦略の一翼を担うものであったといえるだろう。▲

　メディアが伝えた登山やスポーツに勤《いそ》しむ若き皇族たちの姿は、威厳に満ちた重々しい衣装を脱ぎ捨て、生身の人間的魅力にあふれた皇族の登場を象徴的にアピールするものであった。スポーツを媒介としてアピールされた皇太子裕仁や秩父宮らの若々しい肉体。そこには、日本の特殊事情を背景として、さらに重要なメッセージが込められていたとみるべきであろう。

　こうした若き皇族たちのイメージは、日を追って病状が悪化していた大正天皇と見事なコントラストをなす、健康でたくましい肉体をもった皇室の主役の登場を人々に印象づけたからである。

　皇太子裕仁の摂政就任決定の発表と同時に、侍医団による大正天皇の第五次の「御容態書」と「宮内省発表」が出され、これによって大正天皇のイメージは、それまでの「仁慈」に富んだ「英明」な君主から、幼少より病弱で精神を病んだ人物へと一八〇度の転換をとげた。そして、それと同時に皇太子裕仁をはじめとする若き皇族たちがスポーツマンとして登場したのである。この事実を見逃し

▼天皇・皇族から贈られた優勝杯
戦前、天皇・皇族から贈られた優勝杯等はかなりの数にのぼる。たとえば、一九四五年一月には政府の銀回収運動に呼応して、各スポーツ団体が保有している賜杯等が政府に献納されたが、その際作成された目録には、大正天皇杯一、東宮杯一、秩父宮杯四、高松宮杯二、久邇宮杯三、朝香宮杯二、久邇宮賜盃一、計一四が記されている（日本体育協会編『日本体育協会五十年史』）。

てはならないだろう。こうしてスポーツは、君主の身体＝玉体をクローズアップし、それによって皇室の主役の交代、病弱な君主から健康で逞しい君主への交代を象徴したのである。

それは、すでにのべたように、君主制の世界的危機のなかで、また、国内的には普通選挙の早期実現など政治的諸権利をめざす社会運動や労働運動が噴出するというデモクラシー状況のなかで、皇室が深刻な危機感にもとづいて行なった天皇制再構築のための必死の試みであったといえよう。

皇太子裕仁の摂政時代。それは、戦前においてスポーツと皇室の親密な関係が、メディアを通してもっとも強烈な形でアピールされた時代であったが、その歴史的な役割は、スポーツをひとつの媒介としながら皇室の新たな主役たちに対する国民の支持を獲得することであり、それによって天皇の代替わりを準備し、昭和の天皇制をスムーズに始動させることにあったといえよう。

再構築される皇室の権威

スポーツを通して皇室と国民の距離を縮め、新しい皇室像をアピールしていくこと。それは、皇室の伝統を破棄し、天皇の人間的な魅力を打ち出していくものであった。しかし、ここで注意しなければならないのは、皇室と国民の距離を縮小するといっても、その距離は実際には決して消滅することはなく、むしろ両者の距離が不可侵の境界線によって明確に区分され、皇室の権威が厳然と保たれていたことである。

たとえば、皇族たちが情熱を披露したスポーツの種類にも、皇室の権威を損なわないための一定の配慮が示されているように思われる。たとえば、皇太子裕仁が得意とした乗馬や秩父宮が愛好したスキーや登山、これらは同時に、軍事的な実用性という点でも価値を有するものであり、軍人たる彼らの資質をも披露するものであった。

また、テニスやゴルフ、スケートは、大衆的な文化とは一線を画した上流階級の文化としての気品を有する英国スポーツであった。とくにスカートを着用する女性のテニスは、女らしさという規範ともうまく合致しており、皇太子妃良子を出した久邇宮家が女子テニスの後援者として登場したことも、このことと無縁ではあるまい。もっとも大衆性を帯びたスポーツが野球であったが、これを実際に行なったのは、当時小学生の澄宮のみであり、他方、皇太子裕仁が愛好した大相撲も大衆性を帯びてはいたが、これは伝統文化の尊重という皇室のあり方とも合致するものであったといえる。

皇室の威厳は、若き皇族たちのスポーツ観のなかにも示されていた。たとえば、一九二五(大正十四)年四月、スポーツの母国たる英国に留学する秩父宮の奉送式が明治神宮外苑競技場で開かれたが、約五〇〇〇人の参加者を前に秩父宮は、今日のスポーツの隆盛は我々が祖先以来培ってきた「武道の精神」を根底とするものであり、スポーツマンシップの真諦もこの精神の中に求めることができると主張した。また、皇太子裕仁が、ゴルフは「運動としても最も適当」である、心を鎮め精神をまとめるというのは禅でいう「虚無」に近いものだと思う、と宮内大臣牧野に語り、牧野を喜ばせたこともこの点で注目に値するだろう。

皇太子裕仁らがスポーツに勤しむ姿は、たしかに自由で躍動的な身体をアピールするものであったが、彼らの価値意識は皇室の威厳の枠内にあり、そのスポーツ観も日本の伝統的な価値に強く彩られ、道徳色が濃厚な言説として表明されていったのである。

では、皇太子裕仁や秩父宮らが台覧したスポーツ大会はどうだろうか。それらはたしかに皇族が国民と接する場面をつくり出し、「新しい皇室像」をアピールする機能を果たしたが、同時にそれは皇室の絶対的な権威を保持しながら、皇族と国民との間にある不可侵の境界線を国民にアピールする儀礼的空間としても機能していったとみるべきではないか。

たとえば、一九二六年五月、皇太子裕仁の中国地方巡啓に同行した宮内大臣牧野は、武術を台覧に供した第六高等学校については、殿下に対する態度も敬虔で、学生たちの平生の心懸けも健全であると察せられる、と満足する一方で、高等師範学校の奉迎については、女生徒が行なったバレエのような体操は、オペラを連想させ、「殿下奉迎の荘厳なる場面」にはふさわしくないと手厳しく批判している。

皇太子裕仁らによるスポーツの台覧。それは、皇室にふさわしい「荘厳なる場面」でなければならず、その絶対的な権威を傷つけたり、不敬や無秩序を象徴するものであってはならなかったのである。それは、皇室の絶対的な権威を崇《あが》め祝福する儀礼的空間であることが義務づけられ、こうして皇太子裕仁らによるスポーツの台覧の場は、私語はおろか咳払いさえかき消された厳粛な瞬間の到来、直立不動の姿勢、軍楽隊の吹奏に合わせた君が代の斉唱、玉座への最敬礼、奉迎文の朗読、万歳三唱などの儀式を差しはさむことによって、皇室への帰服や服従を象徴する機能をも果たすような空間として構成されていたととらえるべきであろう。

その最大の場面が、昭和天皇裕仁が、御大礼を記念して出席した一九二九(昭和四)年の第五回明治神宮体育大会▲だったと思われるが、その後天皇が明治神宮体育大会に出席したのは、三九年の第一〇回大会と四二年の第一三回大会だけである。

これに対して、現在の国民体育大会▲は、周知のとおり天皇の出席を不可欠のものとして規定している。四八年の第三回大会への天皇杯・皇后杯の下賜にひきつづき、四九年の第四回大会以降、天皇の出席が制度化されていくのである。スポーツと皇室の関係は、戦後の象徴天皇制のなかで親密度をより高めながら現在に至っているのであり、最初に取り上げたサッカーの天皇杯は、まさにその先駆をなすものであったのである。

▼明治神宮体育大会　明治神宮外苑陸上競技場の完成を記念し、明治天皇の「御聖徳」を追慕する奉納神前競技大会として、一九二四年に内務省主催ではじまった戦前における最大規模の国内総合競技大会。十一月三日の明治節をはさんで日程が組まれ、第三回大会からは民間団体の主催となり、名称も「明治神宮競技大会」から「明治神宮体育大会」に変更された。一九四三年までに計一四回開催されたが、そのうちの第五回から第一〇回のあいだは隔年で開催された。

▼国民体育大会　八ページ参照。

②―「スポーツ狂時代」の国家戦略

「スポーツ狂時代」の到来

寺田寅彦《とらひこ》▲のエッセイのなかに「野球時代」という作品がある。このなかで寺田は、「一体野球その他のスポーツがどうしてこれ程までに人の心を捕えるのであろうか」とスポーツ熱の高まりに驚きの声をあげている。それは、新聞のスポーツ記事が飛躍的に増大し、ここ二、三年のあいだに新聞の一ページを占めるようにまでなった、と平林初之輔《はつのすけ》▲が指摘したのと同じ、一九二九(昭和四)年のことだった。

寺田寅彦がもっとも衝撃を受けたのは、人々がラジオから流れる早慶戦の実況中継に釘づけとなっていることだったが、まだプロ野球がなかった当時、人気の中心は東京六大学野球と全国中等学校野球大会であり、なかでも早慶戦の人気は群を抜いていた。また、その前年のアムステルダム五輪では、織田幹雄が三段跳びで日本初の金メダルを獲得し、二〇〇メートル平泳ぎでも鶴田義行が世界記録で優勝を果たし、金二、銀二、銅一、計五個のメダルを獲得した。

▼**寺田寅彦**　一八七八〜一九三五年。東京帝国大学の物理学者として活躍する一方、夏目漱石門下の文学者としても名を馳せた。吉村冬彦、藪柑子などの筆名で多くの随筆を残したが、「野球時代」もそのひとつで、『帝国大学新聞』一九二九年十一月十一日・十八日号に連載された。

▼**平林初之輔**　一八九二〜一九三一年。文芸評論家、文学理論家。推理作家、翻訳家としても知られる。マルクス主義による気鋭の文芸評論家として登場したが、後にプロレタリア文学運動から離脱し、「政治的価値と芸術的価値」(一九二九年)などを著わした。早稲田大学出身で同校野球部のファン。スポーツ記事についての平林の指摘は、「現代を象徴するもの」(『中央公論』二九年一月号)でなされた。

●―**野球競技板**　ラジオの実況中継が始まる前、野球の試合経過を速報するために大阪毎日新聞社付近に設置されたもの。第四回全国選抜中等学校野球大会(一九二七年)の松山商業対鳥取一中の試合経過を見つめるファン。

こうした日本選手の国際舞台における活躍、そして明治神宮体育大会をはじめとする各種全国大会の開催なども、人々のスポーツ熱を高める起爆剤となっていった。野球をはじめとする各種スポーツが、学校の枠を越えて人々を熱狂させる時代がおとずれたのである。

こうした国民のスポーツ熱の高まりを背景にして、「スポーツ」という外来語がわが国においても定着しはじめるのだが、その先導役を果たしたマスメディアは、一九二〇年代後半、すなわち昭和初期になると、さらなるスポーツ人気の高まりをとらえて「野球狂時代」や「スポーツ狂時代」などと叫ぶようになる。

甲子園球場や神宮球場という観客席を設置した巨大なスタジアムの出現、そこに押し寄せる群衆。ラジオの実況放送に熱心に聞き入り、翌朝の新聞や雑誌の記事をむさぼり読む人々。軟式野球の爆発的な普及によって公園や空き地が愛好者たちによって埋め尽くされ、東京六大学の野球選手のブロマイドの売れ行きが俳優を上回り、登山や海水浴に出かける人々で駅がごったがえすといった都市部の状況は、まさに「スポーツ狂時代」と呼ぶにふさわしい光景であった。

国民のスポーツ熱を喚起していくうえで巨大なインパクトとなったのが、新

●—大観衆でふくれあがった甲子園球場（一九三二年）

●—東京六大学野球の人気の高さを示す神宮球場前のにぎわい（一九三〇年頃）

聞や雑誌、ラジオなどのマスメディアであったが、なかでもニューメディアであるラジオの威力は驚異的であった。東京六大学野球と夏の甲子園大会の実況放送が始まったのは、一九二七年。その翌年には大相撲の実況も始まり、寺田寅彦が「野球時代」を書いた二九年からは、全国中継施設の完成によってこれらの実況が全国放送となった。

ラジオのスポーツ中継の中心は、野球と大相撲であったが、なかでも野球の実況中継は、三三年には年間で一〇〇日を越えるようになり、大会やリーグ期間中は連日、日本中のラジオから野球中継が流れた。▲そして、こうした野球熱のうえに、三六年、七球団による日本職業野球連盟が結成され、プロ野球がスタートすることになるのである。

▼ラジオによるスポーツ放送
七五ページ参照。

三つの戦略

一九二三(大正十二)年の第六回極東選手権大会。天皇杯がはじめて下賜されたのがこの大会であったことは、先にのべたとおりだが、この大会に優勝カップを寄贈したのは天皇だけではなかった。そのなかには、文部大臣杯や外務大臣杯、さらには内務大臣杯もふくまれていた。

明治以降、学校体育の所管は、一貫して文部省であった。しかし、学校外のいわゆる社会体育については、第一次大戦後、とくに一九二〇年代の初頭より、出生率の低下や乳幼児死亡率の増加、結核性疾患の蔓延などに示される国民の健康状態の悪化を背景として、文部省だけでなく内務省も関心を増大させ、それぞれの政策を展開しはじめていた。極東選手権大会への内務大臣杯の寄贈も、こうした政策の一環をなすものであったのだ。

皇太子裕仁をはじめ若き皇族たちがスポーツに対する情熱を披露し、皇室がスポーツの奨励者であるというメッセージを明確に発信しはじめた頃、内務・文部両省もまたスポーツを積極的に奨励しはじめたのだった。

内務・文部両省は、翌二四年になるとオリンピック選手団への国庫補助（内務・文部両省）、明治神宮競技大会の開催（内務省）、「全国体育デー」▲の開催（文部省）などを開始し、スポーツをまさに国家レベルで奨励しはじめる。こうしたスポーツをめぐる国家的な関心の高まりは、ただちに内務・文部両省の激しい縄張り争いを引き起こしたが、舞台裏での調整をへて、一九二八（昭和三）年一

▼**全国体育デー**　文部省の指示により、全国の学校や青年団等が一斉に競技会や講演会などを開催する国家的な体育行事。一九二四年より明治神宮体育大会と呼応して始まり、十一月三日の明治節を「全国体育デー」と定めた。第一回目は、全国一万一七六〇の学校、二八六〇の青年団など計一万五四五一団体がこれに応え、さらに二九年の第六回「全国体育デー」になると、参加団体が二万六三二〇、参加者が八三八万二〇二七人に達した。

▼三・一五事件　第一回普通選挙による無産政党の進出に脅威を感じた政府が、特別議会の召集に先立つ一九二八年三月十五日、内務省・司法省ルートで、一道三府二七県にわたって、共産党、労農党、評議会、無産青年同盟の関係者千数百名を治安維持法違反の容疑で一斉に検挙した事件。

月の閣議決定をもって、スポーツの主管官庁は文部省とし、重要な関係事項については内務省と協議することとなった。

これ以降、三八年一月に厚生省が設立されるまでの一〇年間、文部省を中心としてスポーツ政策が展開されていくことになるが、その矢先に起こった三・一五事件▲は、文部省のスポーツ政策の重点を国民の〝身体〟から〝思想〟へと大きく旋回させることになる。三・一五事件の検挙者のうち、一二九名が学生関係者であったことに驚愕した文部省は、学生社会科学研究会の解散や「左傾教授」の追放などを行なうとともに、「思想善導」の手段としてスポーツに着目し、奨励しはじめるのである。

イギリスの鉄鋼王サー・ロバート・ハドフィールドが、会社のグラウンド開きの際に「社会主義者やボルシェビキのあいだから、優秀なスポーツマンがでてきたことなどついぞ聞いたことがない。スポーツ自体が革命や革命思想に対する最良の解毒剤だ」と言ったのは、二三年のことだった。ロシア革命以降、社会主義は各国政府や資本家の脅威となり、スポーツもまたその対抗策のひとつにあげられるようになるのだが、日本では三・一五事件を契機にしてそれが国家政策のなかに位置づけられるようになるのである。

スポーツによる「思想善導」政策。それは、文部省体育課長、北豊吉が提起したように、大きくいって、三つの戦略から成り立っていた。

第一に、健康な身体づくりによる「不健全な思想」の撲滅。そのバックボーンとなる考えは、「健全なる精神は健全なる身体に宿る」という格言そのものである。あまりにも素朴な発想だが、この戦略は、左翼についての病的なイメージとセットとなることによってそれなりの説得力を得ていたと考えられる。左翼思想は、体力が薄弱な者＝精神異常者のあいだでつくり出されることが多いとか、とくに結核患者の自棄的気分と抱合しやすいものであるとか、左翼の不健康さや陰鬱《いんうつ》さを強調し、健康な身体づくりをそれを根本的に打破する方法として意義づけるのである。

第二に、運動精神の涵養《かんよう》による国民の「思想善導」である。運動精神とは、節制、剛毅闊達《ごうきかったつ》、全力、謙虚、誠実、公明正大、堅忍持久、協同、一致団結、犠牲的精神など、われわれの生活を内から律する高潔な道徳であるが、スポーツはこうした道徳を実践し、修得する機会を与える。つまり、スポーツは運動精神の涵養を通して、直接的に国民の思想を堅実に導くことができるというのである。

第三に、スポーツを「安全弁」として利用し、不平や鬱憤《うっぷん》から逃避させ忘却させるというものである。労働の分業化や機械化等によって、われわれの現実生活がますます無味乾燥になっていくなかで、スポーツは人間的な欲求を満足させることができるひとつの「逃避所」となっている。人々はスポーツの「愉快」のなかにすべての不平や鬱憤を晴らし、反抗的な気分や破壊的思想を忘却することができるというのである。

スポーツによる思想善導

スポーツによる「思想善導」政策は、文部大臣の諮問に対する体育運動主事会議▲の答申（一九二八年十二月）などによって、全体の骨格が形づくられ、運動精神の意義の明確化、明治神宮体育大会による「敬神崇祖の観念」の喚起、競技会の厳粛化、体育行政の体系整備、体育団体の統制、工場体育、社会体育の普及といった施策が行政ルートを軸に次々と具体化されていった。

▼**体育運動主事会議**　道府県の体育行政の代表者たちが一堂に会する会議。体操科指導監督者協議会が一九二六年に改称したもの。文部大臣によって招集され、文相の諮問に対する答申の作成、建議や希望事項の提出などを行ない、文部省の体育・スポーツ政策に大きな影響を及ぼした。当初のメンバーは、体育主事、体育指導員、視学委員などであったが、三〇年八月の官制化以降、体育運動主事に一本化されていった。

▼**ラジオ体操**　正式名称は国民保健体操。逓信省簡易保険局の発案で、日本放送協会、日本生命保険会社協会の三者が協同し、文部省が体操の考案を担当して、一九

二八年十一月一日から東京で放送開始。翌年二月十一日の紀元節に合わせて全国放送。三二年からは、文部省、内務省、帝国在郷軍人会などの後援で、全国各地に結成された「ラジオ体操の会」を基盤にして爆発的に普及した。

▼**御大礼記念武道大会**　一九二九年五月四、五日に皇居内の覆馬場(屋根付きの乗馬練習場)と済寧館(武道場)の二つを会場として開催された宮内省主催の武道大会。「昭和天覧試合」と呼ばれた。剣道と柔道の二種目で、専門家と非専門家の部に分かれ、計一六四名が出場した。昭和天皇は、二日目の午後より台覧。

▼**体育運動審議会**　一九二九年十一月に設置された文部大臣の諮問機関。三九年七月に国民体力審議会が設立されるまで、体育・スポーツに関する重要事項を審議し、文部省の体育・スポーツ政策の立案に関与した。

皇太子裕仁が即位の礼を終えて天皇となったのが一九二八(昭和三)年十一月。スポーツによる「思想善導」政策は、この天皇の代替わりと見事に交錯しながら展開していったのだった。御大礼記念事業として放送が開始されたラジオ体操▲は、それを象徴するものだが、翌二九年になると、宮内省主催「御大礼記念武道大会」▲、そして先にみた第五回明治神宮体育大会を昭和天皇が台覧する。そして、こうした天覧の「栄光」をバックに、文部省は、各府県知事や学校長等にスポーツの奨励を指示し、スポーツによる「思想善導」政策をより強力におし進めていった。

文部大臣の諮問機関として体育運動審議会▲を設置し、各種スポーツ団体の代表者をその委員に任命したこと。府県レベルのスポーツ統制の要となる府県体育協会を行政主導で次々と設立したこと。オリンピックや極東選手権大会、明治神宮体育大会だけでなく、府県体育協会や各種スポーツ団体に対しても補助金の交付を開始したことなどが、それである。

一九二九年から三〇年にかけて実施されたこれら一連の政策は、いずれも国家とスポーツ団体との結びつきが中央および府県レベルで強まったことを示している。それはまた、三・一五事件以降に始まるスポーツによる「思想善導」政策が、民間のスポーツ団体をも巻き込んで、官民一体の形で展開されたかのような印象を私たちに与える。はたして現実はどうであったのか?

たとえば、全日本体操連盟による体操祭は、三一年から十一月三日の明治節に合わせて開催され、このことによって明治神宮体育大会(隔年開催)と文部省主催の「全国体育デー」という国家的なスポーツイベントともリンクされた。さらに、翌三二年からはラジオ中継によってその実施規模を日本列島の隅々にまで拡大し、三四年には、参加者が三五府県で七〇五二団体、三二一万八一五八名に達した。

体操祭では、ラジオから流れる号令に合わせて数百万もの人々がラジオ体操を行なったが、それは、文部大臣鳩山一郎が強調したように、国民が一つの号令のもとで、心身ともに「全国一体」となる瞬間をつくり出し、さらにこの瞬間を国家の祝祭日と重ねあわせることにより、愛国心へと接続していく国家的な儀式となっていったのである。

その他、「思想善導」政策との関連で注目されるのは、大日本武徳会《だいにほんぶとくかい》▲と講道《こうどう》

▼**大日本武徳会**　各種武芸の保護奨励とそれによる国民の士気の涵養を目的として、日清戦争の勝利に沸き立つ一八九五年四月に京都で設立された武道団体。皇族を総裁に戴き、各府県知事を支部長とし、全国の警察組織などを通して多数の会員を獲得していった。会員総数は、一九二一年に二〇〇万人、三八年には三〇〇万人を越えた。四二年三月からは国家管理下に置かれ、四六年十一月、連合国軍総司令部(GHQ)の指示によって解散。一三一二名が公職追放となった。

館《かん》▲である。これらの武道団体のばあいは、「武道精神」を忠孝や愛国の精神、国体の精華などとリンクさせ、武道を国家主義を浸透させていく手段に変えることによって、「思想善導」政策の直接的な担い手となったといえるだろう。武道理念を介した武道愛好者への国家主義の注入が、機関誌や講習会、また、大会などでの講演、昇段審査の試験問題、練習の際の「教習綱領」の唱和などを通してなされていったのである。

全日本体操連盟、大日本武徳会、講道館。これらの団体の活動は、国家による「思想善導」政策が、民間のスポーツ団体をも巻き込み、官民一体の形で展開されはじめたことを物語っている。

国家への包摂と反発

ところで、文部省の体育課長、岩原拓《たく》は、国家とスポーツの関係について、日本はドイツ、イタリア両国とイギリスの中間に位置するとのべている。岩原がこう指摘したのは、一九三六（昭和十一）年であり、独伊両国はファシスト政権下にあり、スポーツも国家統制下にあった。これらファシズム国家と自由主

▼**講道館**　一八八二年に嘉納治五郎によって創始された「講道館柔道」の普及発展を図り、国民の心身の鍛錬に資することを目的とする団体。既存の柔術を集大成し、その近代化を図った講道館は、たんなる柔道の一流派にとどまらず、柔道界の総本山としての位置を占めた。入門者総数も一九三一年時点で累計で五万人を越え、そのうちの約半数が有段者であった。

義国家イギリスの中間というのが、日本のあり方であり、日本のスポーツ団体は、国家から完全に自由であるわけではないが、各スポーツ団体の自治は尊重され、自主的な判断にもとづく自律的な活動がなされている、というのである。

岩原がいう国家とスポーツ団体のこのような関係は、日本の中国侵略や国際的な情勢の変化などによってしだいに制約が強まっていくが、戦時体制の下で各スポーツ団体が国家機構の一部に完全に組み込まれる四二年▲までは、基本的に維持されたとみることができるだろう。

文部省は、岩原が強調する各スポーツ団体の自治をふまえつつ、その活力に依拠しながらスポーツによる「思想善導」政策を推進していこうとしたのであり、全日本体操連盟、大日本武徳会、講道館といった団体の活動は、まさにこうした期待に沿ったものであったといえる。

しかし、体操と武道以外のスポーツ団体には、「思想善導」政策との関連で注目されるような動きはとくにみられない。それどころか国家との一体化を拒む自治意識や官僚支配への批判意識が根強く、また、アマチュアリズムに代表されるスポーツの手段化を否定するリベラルなスポーツ思想も強固であったとい

▼**スポーツ団体に対する国家統制**　一九四二年三月～四月、大日本武徳会と大日本体育協会が、東条英機首相を会長とする政府の外郭団体に再編。大日本武徳会は、厚生・文部・陸軍・海軍・内務の五省管轄下におかれ、講道館などの武道組織も内部に組み込んだ。大日本体育協会は、厚生・文部両省の管轄となり、大日本体育会に名称を変え、各競技団体や大日本学徒振興会を内部組織とした。

▼**末広厳太郎**　一八八八～一九五一年。民法や労働法の分野で業績を残すとともに、大日本水上競技連盟会長、大日本体育協会専務理事等を歴任し、スポーツ界においてもリーダー的な役割を果たした。スポーツ関連の評論も多い。

▼**針重敬喜**　一八八五～一九五二年。早稲田大学在学中に庭球部選手として活躍。その後もテニス界で主導的な役割を果たし、テニスに関する多くの評論や『日本の

うのが、この時期のスポーツ界の実態であった。

たとえば、スポーツ界のリベラリストであった末広厳太郎《いずたろう》▲や針重敬喜《はりしげけいき》▲らは、スポーツの手段化を否定し、自己目的的な活動としてのスポーツを擁護しようと試み、また、スポーツが日常生活や抑圧からの解放を象徴するものであるとみなし、そのかけがえのない独自な意義を力説した。

また、村山知義《ともよし》▲ら左翼陣営は、国家によるスポーツの政治的な利用を真正面から批判し、さらに人々の「階級意識」を呼び起こそうと試みた。徳永直《すなお》の小説に「赤色スポーツ——『太陽のない街』近況」(『改造』三〇年二月号に発表)という作品があるが、それは、国際共産主義運動の一翼を担うプロレタリア・スポーツ運動▲、別名「赤色スポーツ運動」の実践をめざしたものにほかならない。

スポーツによる「思想善導」政策は、こうした対抗関係や制約をともないつつ展開されていったのである。

政策の効果と限界

では、スポーツによる「思想善導」政策は、国家が期待したような効果をあげ

テニス』(一九三一年)などの著書を著わした。スポーツ全般について評論も多い。日本庭球協会理事、大日本体育協会専務理事等を歴任。

▼村山知義　一九〇一～七七年。劇作家、演出家、小説家など多方面にわたって活躍。「映画とスポーツのつながり」(『中央公論』二九年一月号)等でスポーツの政治的利用を強烈に批判した。

▼プロレタリア・スポーツ運動　一九二〇～三〇年代に世界的規模で展開された、労働者階級自身によるスポーツあるいは労働者階級の解放を志向するスポーツ運動。日本でも、二八年の共産主義青年インターナショナル第五回大会で決定された「スポーツ活動に関する方針」が、プロレタリア文化運動、学生運動、労働運動等に少なからぬ影響を与え、三〇年六月頃より組織設立の取り組みもなされたが、激しい弾圧によって壊滅を余儀なくされた。

たのだろうか?

このデリケートな問題を実証レベルで掘り下げることは、なかなかむずかしいが、それらを全体的にながめてみたばあい、体操祭のように祝祭日に設定され、国家的な儀礼として展開されたものや天皇や皇族の出席をともなうスポーツ行事などは、国家的な秩序への同意を強化し、国家との一体感をおし進める装置として巧妙に機能していったと考えられる。

また、スポーツを「安全弁」として利用していこうとする戦略も、人々を左翼の思想や運動から遠ざける、というカウンターアトラクションという点ではそれなりの効果をあげたといえるだろう。

だが、学校外で展開されたスポーツにも道徳の枠をはめ、特定のスポーツ観を人々の心のなかに内面化していこうとする企てについては、「実践的修身《しゅうしん》」という観念が強烈な武道をのぞいては、ほとんど具体的な成果をあげられなかったのではないだろうか。

この戦略の具体策として注目されるのが、大学高等専門諸学校体育協議会が作成した「運動精神涵養に関する件」(一九二九年一月)であるが、この文章がめざす運動精神の普及徹底による「思想善導」、これがいかに困難なことであるかということは、実はこの文章の制作者たちのあいだでも当然のこととして認識されていた。

「文部省的スポーツ観念の崩壊」を指摘する戸坂潤《じゅん》▲の主張も、こうした戦略の限界をみごとについている。文学や映画が修身の手段でないのと同様に、スポーツも修身の手段などではない。それは、服飾や舞踊のような風俗的快感の一種であり、また、宴会や碁、将棋のような社交的娯楽や勝負事である。少なくともスポーツファンは、その肉体的魅力や競技勝負に興味があるのであって、「体育」に興味があるわけではない。戸坂はこのように主張するのである。

雑誌『新青年』の座談会のなかで、ある女性は、「強制的にスポーツをやらして、祖国のためだとか何とかおだて上げるのは、日本人の欠陥よ」と堂々と主張しているが、人々がそうした押しつけがましい強制を、私的なレベルで受け流したり、笑い飛ばしたりすることは容易になしうることだったのだ。こうした趣味や嗜好の次元までも画一的に支配することは、国家にとっても不可能に近いことだった、とひとまずいえるだろう。

▼**戸坂潤**　一九〇〇〜四五年。哲学者。法政大学で教鞭をとるとともに、科学、技術、政治、文芸、風俗その他の社会現象全般を批判する評論活動を精力的に展開した。一九三七年に執筆を禁止され、四五年八月に獄中にて死去。著書『思想と風俗』(三六年)や雑誌の評論などでスポーツに対しても、鋭い批評を行なっている。

しかし、だからといって、スポーツの価値は各人が自己決定すべき事項であるとし、国家からの押しつけに対して明確な抵抗線を形づくってそれに立ち向かったり、国家の論理によって粉飾されたスポーツ観を正面から批判することも、国民大衆にとってそうたやすいことではなかった。なぜなら、そうした国家からの押しつけが、日本社会においては、学校や職場、町内会などさまざまな集団や組織、そしてメディアを介してなされるためであり、人々が現にそうした社会的な規制の網の目のなかで生きているからだ。

たとえば、早朝のラジオ体操なんて「狂気の沙汰だ」と本気で思っている人間でも、職場ぐるみで取り組んでいれば、この本音をぐっとおさえ、あの独特な号令とリズムに合わせて手足を動かすしかない。また、スポーツ選手ならば、監督やコーチ、先輩、ＯＢ、さらにはその種目の統轄団体の意志に正面からさからうことは非常に難しいのである。

スポーツをめぐる価値。その自由度においても、日本は独伊両国とイギリスの中間という表現があてはまるかもしれない。

一九二八（昭和三）年以降文部省を中心に展開されたスポーツ政策は、第一に、スポーツによる健康な肉体づくりによって、第二に、スポーツ精神の涵養によって、そして第三に、スポーツを不平や鬱憤から逃避させ忘却させる「安全弁」として利用することによって、国民の「思想善導」を実現していこうとするものであった。このうちの第三の戦略は、スポーツに対する大衆の〝低俗な興奮〟さえも肯定するものであり、この点で、スポーツに道徳の枠をはめ統制しようとする第二の戦略と明らかに矛盾するものであるが、こうした矛盾をはらみつつも、〝快楽〟を肯定する「安全弁」的な利用が登場したところにこの時期のスポーツ政策の特徴があったといえる。

しかし、こうしたスポーツの利用形態は、左翼の思想と運動が急速に衰退し、また、国体観念の徹底的な注入や戦争への動員が国家の焦眉の課題となりはじめた三四年前後を境に、しだいに許容されざるものとなっていく。国家は、〝快楽〟を容認する「安全弁」的な利用形態を切り捨て、むき出しの国家主義の注入と体力の向上に腐心しはじめるのであり、この方向は、三七年の日中戦争の本格化によってさらに決定的なものとなっていった。

③—ナチ・オリンピック——第二次大戦への跳躍台？

VJデー五〇周年

一九九五（平成七）年。第二次世界大戦が終わってちょうど五〇周年にあたるこの年を、私は家族とともにイギリスの地で過ごしていた。世界各地で第二次世界大戦終結五〇周年を祝うさまざまな行事が開催されるなか、イギリスでは、五月六日から三日間にわたって、欧州終戦五〇周年を記念する式典が大々的にくり広げられた。

なぜ五月なのか？　日本人にはなかなかピンとこないのだが、ヨーロッパの人々にとっては、ナチス・ドイツの無条件降伏によってヨーロッパの戦争が終結した五月七日こそ決定的に重要な日、VEデー（欧州終戦記念日）なのだ。

終戦五〇周年を祝う行事はそれだけではなかった。八月になると今度はVJデー（対日戦勝記念日）のカウントダウンが始まり、英国のメディアも対日戦関連の特集を組み、八月二十日の日曜日には、全英各地で退役軍人会などを中心に戦没者追悼式やパレード、集会などが開催された。VJデー集会は、なんと

▼英国の欧州終戦記念五〇周年式典　一九九五年五月七日の「和解と感謝の礼拝式」には、エリザベス女王やドイツのヘルツォーク大統領など世界五四カ国の首脳が集い、八日の夜には、犠牲者のために二分間の黙禱が全国一斉に捧げられた。五三年のエリザベス女王の戴冠式いらいの最大の国家行事ともいわれている。

▼英国のVJデー五〇周年　たとえば、一九九五年八月十四日には、BBC放送がVJデースペシャル番組として「バーマ　忘れら

れた戦争」を放映し、戦死者および戦病死者数が日本兵三万人以上、英国兵約一万七〇〇〇人に及んだビルマのインパール作戦、そして英国人、オランダ人など六万人の連合国軍捕虜やアジア人労働者たちが強制労働に駆り出され、多くの犠牲者を出したタイとビルマを結ぶ全長四一五キロメートルの泰《たい》緬《めん》鉄道建設の実態などを、体験者へのインタビューを軸に描き出した。

私たちが住んでいたイングランド中央部の小さな町でも開催され、私たち家族を戸惑わせた。

ヨーロッパでイタリアにつづいてドイツが降伏した後、連合国軍にとって残された敵はただひとつ、日本であった。第二次世界大戦はこの最後の敵、日本の降伏によって終結したのだ。この当たり前の事実。それを私たちは、ＶＪデー五〇周年という思いもよらぬ強烈な形で味わうこととなったのだった。

日本は、なぜ第二次大戦を引き起こしたファシズム国家の一員となってしまったのだろうか？　この問いは、やはり日本人であるかぎり避けては通れないものだと思う。ここでは、スポーツを通してこの問題を考えてみることにしたい。

日独伊の不気味な躍進

まずは、一九三二(昭和七)年のロサンゼルス五輪と三六年のベルリン五輪における上位一〇カ国のメダル獲得数をみていただきたい。第二次大戦への道のりを念頭において眺めてみると、日独伊三国の活躍がなんとも不気味に映る。

ロス五輪で、二〇〇名近い大選手団を派遣し、計一八個のメダルを獲得して「スポーツ新興国」として名乗りをあげた日本。そこには、満州事変によって悪化したアメリカの対日感情を好転させるという外交政策上のねらいが込められていたが、さらにベルリン五輪では、ナチス・ドイツの要請に応じて、二五〇名近い史上空前規模の大選手団を送り出した。

一九二四年のパリ五輪以降、つねに五位以内に入っていた世界のスポーツ強国イタリアは、三四年と三八年のサッカー・ワールドカップで二連覇を果たしたサッカー強国でもあった。そのイタリアが、オリンピックのメダル数を伸ばして順位をもっともひき上げたのも、ロス五輪▲とベルリン五輪▲であった。

そして、何よりも際立っているのが、ベルリン五輪で金三三、銀二六、銅三〇を獲得し、一気に世界ナンバーワンの座に駆け上がったドイツの驚異的な活躍だ。そこには開催国の優位性だけでは説明がつかない、ナチス・ドイツの強烈な自己主張が見て取れる。

それとともに見落としてはならないのが、五輪開催国の推移である。三六年がベルリンであったが、四〇年は東京で開催されることが国際オリンピック委

▼ロサンゼルス五輪上位一〇カ国のメダル獲得数(一九三二年)

国名	金	銀	銅
アメリカ	41	32	31
イタリア	12	12	11
フランス	10	5	4
スウェーデン	9	5	9
日本	7	7	4
フィンランド	5	8	12
ハンガリー	5	4	5
イギリス	4	7	5
ドイツ	3	13	4
オーストラリア	3	1	1

(注)日本体育協会編『日本体育協会七十五年史』より摘出作成。

▼ベルリン五輪上位一〇カ国のメダル獲得数（一九三六年）

国名	金	銀	銅
ドイツ	33	26	30
アメリカ	24	20	12
ハンガリー	10	1	5
イタリア	8	9	5
フィンランド	7	6	6
フランス	7	6	6
スウェーデン	6	5	9
日本	6	4	8
オランダ	6	4	7
イギリス	4	7	3

（注）日本体育協会編『日本体育協会七十五年史』より摘出作成。
アメリカ・オリンピック委員会の公式レポートでは、四位以下の入賞者も得点に加えており、そこでは日本が、ドイツ、アメリカ、イタリア、ハンガリーに次ぐ第五位とされている（R・マンデル『ナチ・オリンピック』）。

員会（ＩＯＣ）で正式に決定されており、イタリアも四四年の開催国に名乗りをあげていた。第二次大戦の勃発によって、結局四〇年・四四年の両大会は中止となったが、ベルリン五輪が開催された時点にさかのぼれば、ドイツ↓日本↓イタリアという順番でオリンピックが開催される可能性が濃厚であったのだ。

一九三〇年代後半、日独伊三国は、スポーツの分野で世界の主役の座を射止めようとしていたのであり、さらに四〇万人収容の巨大スタジアム（四五年完成予定）の建設を命じたヒトラー個人についていえば、東京五輪以降はすべてのオリンピックをドイツで独占的に開催するつもりでいたのだった。

世界平和をめざすオリンピックが、逆にファシズム国家のパフォーマンスの場となり、第二次大戦への道をつき進む跳躍台となってしまったのではないか。あるいは、もし日独伊三国がロス五輪やベルリン五輪で大した活躍もせず、五輪の開催国にも選ばれず、自信を喪失していたとすれば、あのような無謀な戦争へとつき進むことはなかったのではないか。

こうした仮説をもち出すと、複雑な国際政治のメカニズムを理解していないとか、スポーツのもつ政治的な力をことさら過大評価している、といった批判がすぐに返ってくるだろう。本書もまた、スポーツがもつ政治的な力はきわめてデリケートなものであるという立場に立っているが、しかし独伊両国に限っていえば、この乱暴な仮説もまったくの的外れとはいえないと思う。R・マンデルの『ナチ・オリンピック』やV・グラツィアの『柔らかいファシズム』などによって、すでにオリンピックやワールドカップをめぐる国民的な熱狂が、ファシズム体制そのものの讃美へと結びついていったことが明らかにされているからだ。

独伊両国のばあい、オリンピックやワールドカップが第二次大戦への道をつき進んでいく跳躍台となったという見方は、それなりの根拠をもっているといってよいだろう。では、日本のばあいはどうなのか。

熱狂の渦

一九三六(昭和十一)年のベルリン五輪。日本においてスポーツがこれほどまで国民的な関心の的となり、人々を熱狂させたことはかつてなかった。それは、金六、銀四、銅八、計一八個のメダル▲をはじめとする日本選手のめざましい活

▼ベルリン五輪のメダル獲得数　日本選手が獲得したメダル数は、日本体育協会等の公式記録ではこのようになっている。しかし、David Wallechinsky, *The Complete Book of the Olympics* (Little,Brown and Company, 1992) などでは、マラソン一位の孫基禎と三位の南昇竜のメダルを朝鮮選手が獲得したものとして別集計し、日本選手が獲得したメダルを金五、銀四、銅七、計一六個としている。

躍だけではなく、五輪開会式前日のIOC決定、すなわち「一九四〇年東京五輪決定」というビッグニュースによってもたらされたものであった。

この国民的な熱狂は、マスメディアを介して引き起こされたが、なかでもラジオの威力は驚異的であった。オリンピックの実況中継は、時差の関係で深夜か早朝となったが、日本放送協会自身が「半月にわたって全国民を興奮の坩堝《るつぼ》と化した」と評したように、日本国民を文字どおり熱狂させた。この年のラジオの受信契約者は二八〇万人。四年前のロス五輪の時の二倍に増加していたが、受信契約者が全国でもっとも多かった東京市でさえ、世帯あたりの普及率が六〇パーセントであったことから、街頭ラジオにも多くの人々が群がった。

ベルリン五輪で、まず最初に日本国民の感動をさらったのは、陸上一万メートルでの村社講平《むらこそこうへい》の奮闘と田島直人の走り幅跳び三位入賞であり、つづいて「感激の極！　君が代初めて轟く！　日章旗四本！　輝く陸上日本」（『読売新聞』）などと報じられた、日本に三段跳び三連覇をもたらした田島と二位に入った原田正夫、そして棒高跳びで二位・三位を獲得した西田修平、大江季雄の活躍であった。さらに陸上競技の最後を飾りオリンピックの華と呼ばれるマラソンでは、孫基禎《ソンギジョン》▲が一〇万人の歓声を浴びながらトップでテープを切り、南昇竜《ナムスンヨン》も三位入賞を果たした。

　陸上競技で金二、銀二、銅三の計七個のメダルを獲得した日本は、つづいて行なわれた水泳で、これを上回る金四、銀二、銅五の計一一個のメダルを獲得し、日本中を熱狂させた。前回のロス五輪で六種目のうち五種目を制覇して世界を驚かせた日本の男子水泳陣も、ベルリン五輪では、まず一〇〇メートル自由形をハンガリーのチェックにさらわれ、つづく八〇〇メートル・リレーでは遊佐正憲ら四名の選手が世界記録で優勝を果たしたが、四〇〇メートル自由形も一〇〇メートル背泳ぎもアメリカのメディカとキーファーに苦杯をなめさせられ、アメリカが日本を上回るという予想外の展開で最終日を迎えた。

　男子水泳世界一の座をかけたレースは、まず平泳ぎ二〇〇メートルで葉室鉄夫がドイツのジーダスを〇・四秒差でおさえて優勝。こうしてアメリカに並んだ日本は、最後の種目、一五〇〇メートル・リレーでアメリカを下し、逆転でふたたび世界の頂点に立った。

「水泳日本」のこの日の活躍は、ラジオに耳を傾けていた人々を釘づけにし、

▼**孫基禎**　一九一二〜二〇〇二年。ランナーとしての才能を見込まれ、一九三二年、一九歳で朝鮮の養正高等普通学校に入学し、陸上部選手として目覚ましい活躍をみせた。三五年、四年生で出場した明治神宮体育大会のマラソンで世界記録を出し、翌年のベルリン五輪でも世界記録で優勝を飾った。その後、明治大学に入学し同校を四〇年に卒業したが、在学中は一度も走らなかったという。帰国後、後進の指導にあたり、陸上競技連盟会長などを歴任。一九八八年のソウル五輪では、七六歳で聖火ランナーをつとめた。

●—マラソンで優勝した孫(中央)、3位の南(左)

●—水泳800メートル・リレーで優勝した日本チーム

●—水泳女子200メートル平泳ぎで優勝した前畑秀子(上)

翌日の『報知新聞』が「遂に死守した！　水上日本の覇権」、『東京朝日新聞』が「あ、勝つた！　日本勝つた」などと報じたように、新聞各紙は勝利の喜びを爆発させた。

ところで、当時の実況放送のなかでもっとも有名なのは、日本水泳陣のなかで最初に金メダルを獲得した女子二〇〇メートル平泳ぎ決勝、前畑秀子対ドイツのゲネンゲルの対決であるが、ラスト五〇メートルで河西三省アナウンサーは、「がんばれ！」を二〇回以上もくり返し、〇・六秒差で前畑が優勝を決めた瞬間には、「勝った！」を一五回連呼した。

翌日の『読売新聞』が、この「放送こそ、まさにあらゆる日本人の息の根をとめるかと思われるほどの殺人的放送だった。河西アナウンサーは女子二〇〇メートル平泳ぎで〝日本人河西〟になったのだ。マイクにかじりついた〝日本人河西〟は、遠く九〇〇〇キロの空をへだてて日本中の心臓をかき回してしまった」と評し、『東京日日新聞』が「これが人間としての、日本人としての感情であるのだ。全国民はこの放送に魅了され、感激したのだ。街は熱狂の嵐だ」と報じたように、この放送は人々のナショナルな感情を強烈に揺さぶった。

この「前畑がんばれ」放送に象徴されるように、日本選手の活躍は、自分が日本人であることへの誇りを強め、「努力さへすれば何事でも白人に負けないといふ自信」や「日本民族の優秀さ、エネルギーの強さ」（『東京朝日新聞』）への驚きといった、ナショナル・プライドや自信、優越感を呼び起こす巨大な引き金となった。

また、IOC総会の決選投票で、ヘルシンキ（フィンランド）を破って「東京五輪」が決定したというニュースは、日本の「国力」や「国民の偉大さ」がフィンランド以上であることが国際的に認められたとする自負の念、ナショナル・プライドや自民族中心主義を鼓舞した。

こうして、オリンピックは単なるスポーツ大会ではなく、世界の列強国に対して、日本の国家の実力と国民の偉大さを承認させ、国威を宣揚し、国際的地位を高める場であるという認識がより強固なものとなり、メダル獲得を義務づけられた選手たちは、こうした強大なプレッシャーを背負いながら競技をくり広げたのだった。

では、ベルリン五輪によって引き起こされた国民的な熱狂、ナショナルな感

▼**東京五輪決定のニュース**　五七ページ参照。

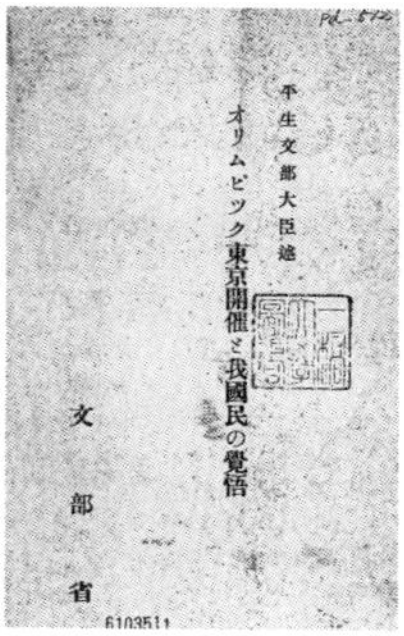

▼平生文部大臣演説　ラジオ放送されたものが小冊子にまとめられ、各方面に配布された。

情の爆発。それらは、第二次大戦への布石となるような役割を果たしたのだろうか。

国家との一体化

準備は、政府の国家的な手腕と社会全体の根本思想によって支えられてきた。……世界を驚嘆させたこの統一的な意思なしにそれは不可能であったろう。これは全体主義国家の最高の成果である。

ドイツのある新聞は、ベルリン五輪の開催にあたってこのように主張した。ベルリン五輪は、開催国ドイツにおいては、このように全体主義国家の優位性を主張し、ナチズムを称賛する絶好の機会として利用されたのであるが、日本においてはどうであったのか？

ベルリン五輪の余韻が冷めやらぬ一九三六(昭和十一)年九月三日、平《ひら》生《お》釟三《はちさぶ》郎《ろう》文部大臣は「オリムピック東京開催と我国民の覚悟」と題する演説▲をラジオを通して全国放送した。なぜドイツ政府は五〇〇〇万マルク、日本円にして六三〇〇万円もの巨費をオリンピックのために投じたのか。その最大の理由は、

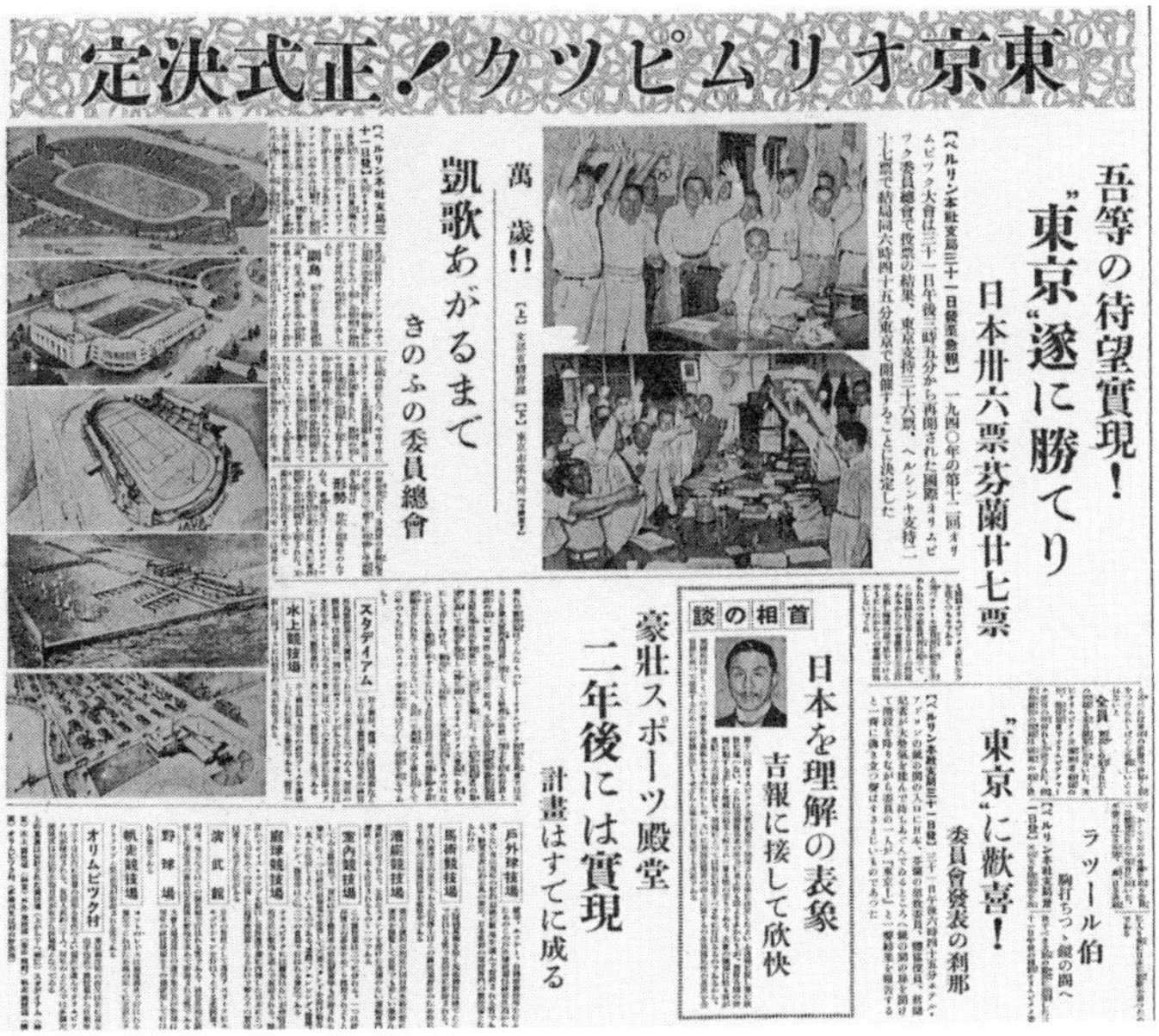

東京オリムピツク！正式決定

吾等の待望實現！

"東京"遂に勝てり

日本卅六票　芬蘭廿七票

【ベルリン本社支局三十一日發至急報】一九四〇年の第十二回オリムピツク大會は三十一日午後三時五分から再開された國際オリムピツク委員總會で投票の結果、東京支持三十六票、ヘルシンキ支持二十七票で結局同大會を東京で開催することに決定した

萬歳!!

凱歌あがるまで

きのふの委員總會

首相の談

日本を理解の表象

吉報に接して欣快

豪壯スポーツ殿堂

二年後には實現

計畫はすでに成る

"東京"に歓喜！

委員會發表の刹那

ラツール伯

●──東京五輪開催決定の記事(「東京朝日新聞」1936年８月１日)

●──ベルリン五輪から帰国後、明治神宮に参拝する日本選手団

●──東京五輪のために製作された海外向けポスター(一九三八年四月)

「己を空《むな》しうして国家のために殉《じゅん》ずるといふ非常時克服の独逸精神」を青年たちに叩き込むことにある。われわれもまた、四年後、皇紀二六〇〇年という記念すべき年に開催される東京五輪を国民精神の強化をはかる画期としなければならない。そのためには、日本が世界の列強国の一角を占めており、その国際的な地位に見合った日本人独特の徳風、つまり「確固不抜の日本国家観念」と「己を捨て、皇国のために犠牲」となる武士道精神とを自ら養い、もって世界一七億人の指導的国民とならねばならない。

以上のように平生文相は主張した。ここには、国家との一体化を強化していく画期として、次回の東京五輪を利用していこうとする国家の側の願望が明確に示されているが、こうした政治的な効果は、すでにベルリン五輪においても示されていたのではないだろうか。

二五〇名近くの大選手団が、ロス五輪の際の三倍にあたる三〇万円の国庫補助金や天皇からの御下賜金一万円、そして後援会が集めた寄付金五二万円によって、まさに国家的に送り出されたこと。選手たちが、天皇の御下賜金でつくられたユニフォームと戦闘帽を身にまとい、「喜んで君の御馬前に斃《たお》れると云ふ覚悟」を持って戦うよう強いられたこと。ラジオから流れたオリンピックスタジアムでの君が代、アナウンサーによって描写された日の丸、あるいは選手団の先頭に掲げられた秩父宮から下賜された大日章旗。さらには、選手団による皇居遥拝や明治神宮参拝といった儀式等々。

実際的な効果のほどを測定することは困難だが、こうしたシンボルや儀式等によって、ベルリン五輪は、国民を国家的な秩序と一体化していくイベントとして、巧妙に機能したと考えていいだろう。「東京五輪決定」のニュースやベルリン五輪における日本選手の活躍が、ナショナルな感情を強烈に鼓舞したことは先にみたとおりだが、それらは右にあげたようなシンボルや儀式等と連動することで、国民を国家に統合していく役割を果たしたといえるだろう。

他方、植民地朝鮮において、ベルリン五輪は、それとは全く逆の方向に機能したといっていい。マラソンでメダルを獲得した二人の朝鮮人ランナー孫基禎と南昇竜、とくに金メダリストとなった孫は、まさに祖国の英雄となったが、彼らの活躍は、朝鮮民族のナショナル・プライドを強烈に鼓舞し、祖国の解放を励ますひとつのシンボルとしての役割を果たしたからである。

孫・南両選手の活躍は、日本のメディアによって、日本と朝鮮の「融和」のシンボルとして意義づけられたが、朝鮮の新聞各紙、たとえば『朝鮮日報』『朝鮮中央日報』等は、民族意識を鼓舞する社説を掲載し、民族解放に向けてのメッセージを発信した。有名な「日の丸抹消事件」——『東亜日報』が孫選手の胸の日の丸を抹消して掲載するという強烈なアピール、それによる無期限の発行停止処分は、まさに大日本帝国に刻み込まれた民族間の亀裂の深さを象徴する事件であった。

民衆意識とのギャップ

ベルリン五輪によって引き起こされた国民的な熱狂、ナショナルな感情の爆発。それらは、さらに軍国主義やファシズムをも讃美し、第二次大戦への布石となるような役割を果たしたのだろうか?

一九三一(昭和六)年九月の満州事変以降、国際的な世論に背を向けて中国侵略をつづけた日本は、満州国の承認をめぐって国際連盟と対立し、三三年の三月にはついに国連を脱退した。そして翌年の十二月には、日本の軍事的行為に枠をはめていたワシントン軍縮条約をも廃棄し、国際秩序への無謀な挑戦をくりかえしていった。それらは、軍部の暴走によってもたらされたものであったが、マスメディア等を媒介にしてつくられた排外主義的なナショナリズムに日本の国民が深くとらわれていたことが、こうした暴走を支えた決定的な条件となった。

さらに三六年の二・二六事件▲は、日本の軍国主義およびファシズムにとってひとつの重要な画期となった。軍部主流はこの事件の威圧的効果を最大限に利用して対米英協調派ないし自由主義的勢力を屈服させたのである。こうして、アジアにおける覇権確立のための国家総力戦準備があらゆる面にわたって推進されたが、こうした国家総力戦準備および国内政治体制のファッショ化＝議会制民主主義の否定の急テンポでの強行は、経済的困難とあいまって国民の反発、反軍・反ファッショ意識を引き起こし、広田弘毅《こうき》内閣の早期退陣を招いた。

この時期の民衆意識の特質である反軍・反ファッショ意識の深まり、あるいは生活不安や政治不信からの一時的逃避といった傾向。ベルリン五輪によって引き起こされた国民的な熱狂は、実はこうした文脈のなかでとらえるべき社会

▼二・二六事件　一九三六年二月二十六日に起こった陸軍青年将校による大規模なクーデタ。斎藤実内大臣（前首相）や高橋是清大蔵大臣らが暗殺され、首相官邸、国会、陸軍省、参謀本部など一帯が占領されたが、四日目に天皇の勅令をもって事態の収拾がはかられた。この事件の勃発によって出された東京市の戒厳令が解除されたのは、ベルリン五輪が開催されるわずか一三日前のことであった。

現象ではないだろうか。それが、危険な排外主義的ナショナリズム等へと連動した可能性はたしかに否定できないが、おそらくその大半は、民衆の反軍・反ファッショ意識を反映したもの、あるいは現実からの一時的逃避であり、暴走する軍部への積極的な支持とはおよそかけはなれたものであったのではないだろうか。

たとえば、日本陸軍がベルリン五輪をめぐるお祭り騒ぎを「白眼視」しているという戸坂潤の指摘、また、陸軍が東京五輪はあくまで軽佻浮薄《けいちょうふはく》なお祭り騒ぎをさけ質実剛健の精神をもって開催されなければならないと主張し、これが東京五輪開催の基本方針▲に組み込まれたことなどは、軍部の期待と民衆意識のギャップの大きさを示唆しているといえるだろう。

ベルリン五輪は、「非常時」▲の時代を生きる人々に、湧きあがる喜びを爆発させる機会を与え、日本人のナショナル・プライドや優越感を呼び起こす巨大な引き金となった。それは、排外主義的なナショナリズムへと連動する危険を持ちつつも、基本的には、かつてない混乱と不安な時代のなかで、一時的な解放感を味わうことができた「お祭り騒ぎ」として展開したのではないだろうか。

▼東京五輪開催の基本方針　一九三六年十二月七日、平生釟三郎文部大臣のもとに陸軍大臣代理やIOC委員などが集まり、東京五輪開催の基本方針を次のように決定した。①現在の諸情勢および紀元二六〇〇年という特殊な意義にかんがみ、国民精神の発揚と古今諸文化のアピールにつとめ、②名実ともに挙国一致の事業とすること、③軽佻浮薄なお祭り騒ぎに陥ることなく、質実剛健の精神をもって開催すること。

▼非常時　一九三二年五月十五日、海軍の青年将校がクーデタを起こし、首相官邸などを襲撃したが、この五・一五事件の頃より、「非常時」という言葉が内外の危機にさらされた日本の状況を総括的にさし示す用語として広まった。

国際政治の力学の中で

二・二六事件以降、総力戦準備をおし進める日本は、中・ソ・米・英との対立を深める一方で、ヨーロッパでベルサイユ体制▲に挑戦しそれを崩壊に導きつつあったナチス・ドイツに接近していった。そして日独両国は、一九三六(昭和十一)年七月から日独防共協定▲に向けての交渉を本格化し、ベルリン五輪をはさんで、十一月二十五日にはその締結にいたる。それは、その一カ月前のローマ・ベルリン枢軸《すうじく》▲の形成とならんで、第二次世界大戦の陣営配置への大きな一歩となるものであった。

この協定締結のプロセスで、ベルリン五輪が、あたかも跳躍台の役割を果たしたかのように映る。実際、東京五輪の開催決定は、独伊両国の支援によってはじめて実現したといっていい。四〇年のオリンピックに名乗りをあげた都市のなかで、東京の最大のライバルがローマであったが、三五年二月、ムッソリーニは日本の要請を受け入れ、ローマの辞退と東京支持を約束した。また、ドイツも翌三六年のＩＯＣ総会で日本に投票し、フィンランド領事らを失望させたが、その際事前にオリンピック・ベルリン大会会長と接触をはかったのは、

▼**ベルサイユ体制**　第一次大戦後の国際秩序は、一九一九年のベルサイユ条約、二一～二二年のワシントン条約で整えられた面が大きかったため、ベルサイユ体制やワシントン体制と呼ばれた。

▼**日独防共協定**　正式名称は共産インターナショナルに対する日独協定。一九三六年十一月二十五日に日独両国間で締結され、ソ連を中心とする国際共産主義運動に対して情報の交換や必要な防衛措置をとることなどを取り決めた。

▼**ローマ・ベルリン枢軸**　一九三六年十月、ベルサイユ体制に不満をもつ独伊両国の協力関係をうたった議定書が調印された。ムッソリーニが演説のなかで「枢軸」という言葉を用いたためにこの独伊両国の関係が「ローマ・ベルリン枢軸」と呼ばれた。その後、これに日本を加えた三国が「枢軸国」と呼ばれるようになる。

日独防共協定締結で中心的な役割を果したベルリン駐在の陸軍武官、大島浩であった。

では、ベルリン五輪をめぐる国民的な熱狂は、ファシズム両国、とくにナチス・ドイツとの関係を強化する役割を果たしたのだろうか?

五輪期間中、新聞やラジオも、しばしばヒトラーの雄姿を伝え、「ナチ・オリンピック」の偉大さを報道した。次回大会を開催する日本にとって、ベルリン五輪はまさに驚嘆すべき見本なのであった。作家の武者小路実篤《むしゃのこうじさねあつ》や詩人の西条八十《やそ》は、『東京朝日新聞』と『読売新聞』によってそれぞれ現地に派遣され、ナチスを称え、日独の熱い連帯のよろこびをこめた「観戦記」をベルリンから書きおくった。また、大会終了後、日本の同盟通信社の要請に応えて書かれた、ヒトラーの日独スポーツ親善のメッセージも、一九三六年八月二十七日付の新聞各紙に掲載された。

しかし、日本のメディアがこぞって、ナチス・ドイツをオリンピック開催国以上の特別の存在として、つまり日本にとっての特別のパートナーとして絶賛し、あるいはナチスのファシズム体制を絶賛したかというとそうではない。

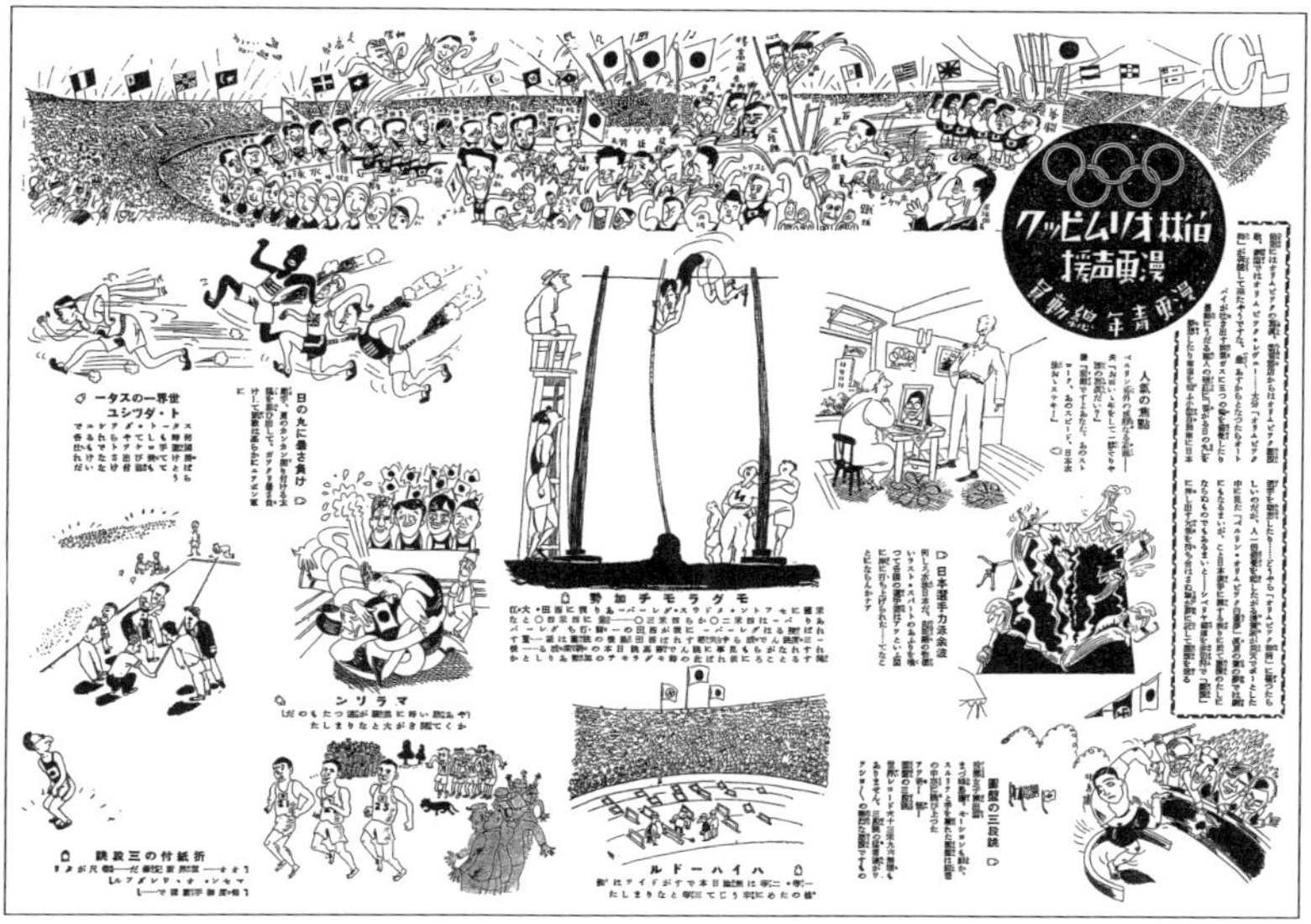

●──ベルリン五輪マンガ声援(「東京朝日新聞」1936年8月1日)

思想的に見たオリムピック

＊日本に於けるオリムピックのニュース戰ほどお祭り騒ぎ滿點、批判精神零點の場合も、近來まづ他に類がなかつたといへる。

＊本來、オリムピックがどの程度の國際行事であり、それに對する各國の立場がそれぞれ如何なる程度のものであるかについて正確な常識を持つことは、次回の大會主催國たる日本が特に力を入れて理解して置かねばならないことであると思ふ。

＊例へば映畫で見た入場式の日、某々國の選手が如何に少數であつたかについて、なにびとも疑問を持たなかつたらしいし、各國の參加人員數並びに參加事情の如きも、つひに表面的な問題とはならなかつたやうである。

＊偶然にもオリムピック開場の十數日前にスペインの內亂が勃發した。スペイン問題は、オリムピックの開場式も、日本であれ程騒いだ競技をも完全に片隅に追ひやつた感がある。ヨオロツパの國民にとつては、オリムピックどころの騒ぎではないといつた有樣だつた。

＊特に、スペインの叛亂軍を支持してゐるものがフアッシズムの勢力であり、更にナチスがその一方の主體である以上は、必然的に諸種の批判がオリムピック主催國たるナチスの政策に向けられたことは理の當然であるだらう。

＊ナチスには宣傳省がある。オリムピックに於けるナチスのメガフオン・プロパガンダは百パーセントの成功であつた。しかし、それ故にまたナチスがその裏面に於て策動しつつある陰謀が諸國の氣味惡い看視を受けてゐるともいひ得られる。

＊スポーツの有意義なることについては、今更ら議論の餘地はない。しかし、オリムピックが立場を異にする國際間の共同の行事であること、更に、その主催國がいかなる立場を持つた國であるかによつて、オリムピック精神と相容れない場合の生じることなどについては尠なからぬ問題が發生する。

＊本誌は、その意味で、オリムピックに關聯してドイツを批判した二三のニュースをここに紹介することとした。これは決して、日本に於けるオリムピック熱に不必要な冷水をあびせかけるが如き意圖から發したものでなく、一九四〇年の東京オリムピアードに際して、日本は單にスポーツの精神に於てだけではなく、その國際的な地位についても充分な認識を持つべきであることを、明かにしたいからに外ならぬ。

＊尙本稿に關聯して、ピエル・ボストのオリムピックのルポルタアジュをも併せて抄譯した。

ナチスのカムフラーヂ

(英) クロスマン

オリムピック委員會が、次回大會の開催地として東京を選んだのは賢明の處置であつた。ともあれ、…………にはオリムピック競技を……することしかできないのだから。先月のドイツはまるで、オリムピック一色に塗り籠められてゐた。街の腕白小僧から航空大臣に至るまで、競技のシンボルたる五輪模樣をひらめかしてゐる。喜悅と自由が、この日のために漲り、寛大な微笑と國際的友交が外國人たちを迎へてゐた。

しかし、海外からの參觀者たちが、この國の日常生活に一歩を踏み入れれば、オリムピック精神がなごやかに彼等を包み得るかどうかは疑問である。諸產業は一時的好況を呈し、ベルリンは活氣を帶びてゐる。しかし、街頭の交通はどうか？　數マイルをドライヴしても、强馬力の貨物自動車やカムフラーヂした軍用車はひつきりなしに通過するのに、一臺の自家用車にも出くはすことはできないのだ。又若し中部ドイツの半舖裝の縣道路に車を驅れば、兩側に車馬道をひかへた工事中の國營大自動車道路を見るだらう。一般用の幹線道路には殆んど注意が拂はれず、しかもこんな貧弱な交通に、かかる厖大な道路がどうして必要なのだらうと、人々は奇異な感を抱くに相違ない。しかしながら、諸君はその意味をさとるだらう。それのみではない。この數年の間に、あらゆる町々には、フィニックスさながらに新らしいペンキの翼を輝かした數多くのバラックが、戰火を豫告するかの如く櫛比し始めてゐる。そして、地下格納庫を持つた幾つかの飛行場も眼にとまるだらう。

昨年以來、情勢は著しく變化した。當時はまだ、再軍備は公然たるものでなく、人々は黨內の右翼や左翼の進出を論じ合つてゐた。そしてまたインフレーションの危險や生活費の問題、黨首領間の軋轢が話題に上つてゐた。しかし今では、深い心理的變化が惹起された。外交問題がオリムピック以外の唯一の話題であり、なにか戰前を思はせる精神狀態が國內に漲り渡つてゐる。徵兵制の復活と經濟の立ち直りにつれて、ブルジヨアジイは再び昔の傲慢さを取り戻した。「今や我々は我々の軍隊を持つてゐる。獨逸の名譽回復は成つた。英國は我々の價値を正當に認めねばならぬ。でなければ……」それが彼等の口吻である。ヒットラア外交の根元は理性になくて、國家的衿持や軍事的傳統にある。それが文明の壞滅を目指してゐようとも、ドイツ國民は世界を隨へて地獄へ降る先導者としての自己を誇つてゐるのである。

この自己犧牲への盲從といふ奇妙な感情は、說明になかなか困難である。それを熱中と云ふことはできない。況んや浮薄な幸福からは遙かに遠いものである。それは寧ろ、革命前の諸黨派がそれぞれ持つてゐたあの絡み合つた興奮に最も近いものと云へよう。今では、それが統一され、しかもその中の理性だけは拔き取られてゐるのである。この「一心同體」に對する熱狂こそ、ドイツの國民生活の最も顯著な特徵となつてゐる。「我等は彼に隨はん」それが彼等の現狀である。

國境外へ一歩を踏み出せば、この感は一層顯著となつてくる。フランスでは人々は他人の言葉に、さも興味ありげに聽き入つ

●──『セルパン』のベルリン五輪批判

山川均《ひとし》▲は、『文芸春秋』三六年九月号で西条八十の詩に強烈な批判をあびせ、社会評論家の新居格《にいいたる》も『日本評論』などを舞台に国家主義に彩られたベルリン五輪を容赦なく批判し、『セルパン』三六年十月号は、外国雑誌に載ったベルリン五輪の批評を翻訳、特集した。

他方、日本のメディアの主流も興味の中心はあくまで「我が日本」であり、意外なことだが、オリンピックで計八九個のメダルを獲得してアメリカを圧倒し、世界一の座についたナチス・ドイツに対しても、二二個のメダルを獲得し、第四位あるいは三位の地位を占めたイタリアに対しても大した関心を払っていない。また、東京五輪招致に対する独伊両国の協力についても、感謝の表明どころか無視に近い状態であったようにみえる。一方、ロス五輪にひきつづき、日本はイギリスをも上回る成績を収めたが、だからといってイギリスを見下すような態度を示してはいない。

日独伊三国の結びつきも、この段階では、ソ連に対する反共ブロックの形成であり、軍事同盟化という段階に至っていなかったという当時の状況からすれば当然のことかもしれないが、ベルリン五輪は、英米への敵愾心《てきがいしん》を鼓舞したり、

▼**山川均**　一八八〇～一九五八年。社会主義運動の中心的理論家として活躍するとともに、一九三七年十二月に検挙されるまで、雑誌『改造』や『中央公論』などを舞台に政治、経済、社会、そしてスポーツをも含めた広範囲にわたる評論活動を精力的に展開した。

独伊ファッショ両国への接近とその一体化を強力におし進めるような政治的キャンペーンの素材としては利用されなかったといえるのではないだろうか。

ベルリン五輪の政治的な位置と役割もまた、この時点における国際的な政治力学の枠内にあったとみるべきであろう。

④――戦時下のメディアとスポーツ

昭和の初期に生まれ、戦時下に少年時代を過ごしたF氏にとって、スポーツは「強烈な印象」として心に残っているという。当時をふり返りながら、F氏は次のようにのべている。

F少年の体験

幼年時代は、まだ平和な時期で、野外でチャンバラごっこ等さまざまな遊びをして、のびのびと生活していたが、小学校に入る頃になると世の中の軍事色が強くなり、学校のなかでも個人の自由がなくなっていった。とくに全校生徒が強制的にベルリン五輪の記録映画『民族の祭典』を鑑賞させられた時には、子供心にも変に政治とのつながりを感じ、違和感を覚えた。しかし、その頃でも家に帰ると、ラジオにかじりつき、双葉《ふたば》山《やま》らの相撲を楽しみ、東京六大学の野球放送に夢中で、結構自分流に「聞くスポーツ」を楽しんでいた。学校生活と自宅の生活の間に、目に見えないギャップを感じる生活だったように思う。

だが、中学生になり、太平洋戦争が始まる頃になると、正課、課外とも柔道、剣道、銃剣道、軍事教練と、軍事教育一色になって、自由に楽しむスポーツは学校から完全に姿を消した。そして、家に帰っても、町内会長の目が光っていて、仲間との三角ベースボールすらもできなくなってしまった。

F氏にとって、戦時下のスポーツは急速にせばめられていった〝個人の自由〟、そのシンボル的な存在として心のなかに刻み込まれているのである。

ここでは、『民族の祭典』、大相撲中継、野球中継など、F氏がいうメディアのなかのスポーツを追跡しながら、戦争とスポーツの関係について考えてみることにしよう。

民族の祭典

まずは、全校生徒が強制的に鑑賞させられたという、ベルリン五輪の記録映画『民族の祭典』についてみてみよう。

一九四〇（昭和十五）年八月に、日本で一般公開となったこの映画は、この年の最大の話題作として爆発的な人気を呼んだ。ベルリン五輪をめぐる国民的な熱狂が、この映画によってふたたび呼び起こされたといってもいいだろう。

『民族の祭典』は、ヒトラーの命により、レニ・リーフェンシュタールが監督した映画『オリンピア』の前編にあたり、後編の『美の祭典』とともに三八年の晩夏に封切られ、傑出した撮影技術やリズミカルな編集などによって多くの観客を魅了した。しかし、三八年のベニス映画祭でウォルト・ディズニーの『白雪姫』などを抜いて最高の映画に選ばれ、国際的な評価を得たこの名作も、その後、ナチス・ドイツのポーランド侵攻に始まる第二次世界大戦の勃発によって、ヨーロッパなどの国々で上映が中止されていった。

つまり、日本における『民族の祭典』の上映開始は、世界的にみてまさに異例の事態だったのであり、日本とドイツが運命共同体的な深い絆によって結ばれていることを内外にさし示すものであったのだ。ベルリンで日独伊三国同盟▲が調印されるのは四〇年九月二十七日だが、これは日本で『民族の祭典』の一般上映がはじまった直後のことであった。F少年が子供心に政治的なつながりを感じたのも無理はない。この映画の上映は、日独伊三国の軍事同盟化のスケジュールとあまりにも見事に符合していたのである。

日本で上映された『民族の祭典』は、戦闘帽をかぶった日本選手団の入場行進

▼**日独伊三国同盟**　日独伊三国間の軍事同盟条約。ヨーロッパとアジアにおける指導的地位の相互尊重、日中戦争およびヨーロッパ戦争に参加していない国からの攻撃に対する相互援助を取り決めた。この条約により日本は、英米仏と決定的に対立することとなった。

や三段跳びの田島直人、マラソンの孫基禎などメダリストたちの活躍の場面とともに、男子陸上一〇〇メートルの第二次予選で四着となり、惜しくも予選落ちとなった鈴木聞多（慶應大学）の力走も銀幕いっぱいに映し出した。試写会でそれを発見した鈴木の兄は思わず涙を落としたが、それは一年前に中国戦線で戦死した弟聞多との思いもよらぬ「銀幕対面」であったからにほかならない。

ベルリン五輪に出場した日本選手が、『民族の祭典』に映った自分の姿を見ることなく戦死していたのだ。日中戦争が全面化し、中国大陸が戦場と化したのは、ベルリン五輪からちょうど一年後、三七年七月の蘆《ろ》溝橋《こうきょう》事件以降であるが、日本はほぼ一〇〇万人の兵力を常時中国に送り、中国戦線における陸軍の死者だけでも、三七年が五万人、三八年が九万人、三九年が八万人にのぼり、四一年までに計三〇万人を越えた。日中戦争の泥沼化は、元オリンピック選手の命をも容赦なく奪っていたのである。

他方、ヨーロッパでは、ナチス・ドイツが四〇年の四月から六月にかけて、デンマーク、ノルウェー、オランダ、ベルギー、フランスをあいついで降伏させ、さらにイタリアがドイツ側に立って参戦するという戦局の急展開が起こっていた。日独伊三国同盟は、まさにこうした事態のなかで締結されたのであり、それは日中戦争とヨーロッパ戦争が結びつき、第二次世界大戦へとつき進む、決定的な一歩となるものであった。

『民族の祭典』の上映は、まさにこうした日独伊三国の軍事同盟化を祝福するセレモニーの役割を果たしたのであり、独伊とくにナチス・ドイツとの一体感を強化したといっていいだろう。

F少年が、強制的な『民族の祭典』の鑑賞に政治的な意図を感じ取り、違和感を覚えたことは先にのべたとおりだが、たとえば、同じく小学生の時にこの映画を見た映画監督の篠田正浩は、自分はこの映画によって、日の丸に感動し、日本のために死んでもいいという感情の高まりを覚え、自己のなかにあるナショナリズムをはじめて発見したと語っている。多くは、この篠田のように、銀幕のうえで躍動する日本選手たちの姿に心を震わせ、自らのナショナルな感情を高揚させたのではないだろうか。

『民族の祭典』によって喚起されたナショナルな感情。それは、日中戦争が泥沼化し、日独伊三国が軍事同盟化するという状況のなかで、国家との一体化を強化し、さらに独伊両国との一体化をも強化する役割を果たしたといえるだろう。また、その効果は、小学生の場合のように学校教育と結びつくことでさらに増大したにちがいない。

野球中継

学校教育の軍国主義化の方向は、文部省思想局が発行した『国体の本義』▲(一九三七年五月)によってすでに明確に示されていたが、日中戦争の勃発後には、国民精神総動員運動に呼応しながら、教育勅語《ちょくご》の奉読をともなう諸行事の強化、各教科への時局教育の導入などが次々と実施されていった。

F少年は、こうして学校が軍隊化していくなかでも、太平洋戦争がはじまる頃までは、帰宅後は結構自分流に「聞くスポーツ」を楽しんでいたという。F少年が夢中であったという野球の実況放送を次にみてみよう。

ラジオによるスポーツ放送は、一九三五(昭和十)年には放送回数が年間で二〇〇回を越え、この頃ピークを迎えるが、以後減少に転じ、太平洋戦争がはじまって以降は激減していった。スポーツ放送の中心は、野球と大相撲であり、

▼『国体の本義』　天皇機関説事件以降、天皇の神格化、天皇主権の絶対化が強まるなかで、文部省思想局が正統的な国体論の国定教科書として編纂したもの。日本は、天皇を中心と仰ぐ「一大家族国家」であり、天皇への献身こそが臣民の「根本の道」であるとし、また、外来文化の純化と日本文化の創造を説き、戦時体制下の教育政策の基本理念となった。

一九三〇年代の前半には、この二つで全体の七割以上を占めていた。なかでも野球中継は、大相撲の二～三倍の放送回数であり、スポーツ中継の中心的な存在であったが、そのピークは三三年頃であり、三五年にはすでに減少に向かっていた。

F少年が夢中になったという東京六大学野球リーグは、日中戦争勃発直後の三七年九月から、休日以外は実況中継が中止となり、三九年の秋季リーグからは、文部省の指令によって、日曜、祭日以外の平日の試合が一切禁止され、試合時間も一時間半程度を基準として行なうこととされた。さらに「勝負というものは一本勝負でなければならない」という石黒英彦文部次官の主張を受け入れ、翌四〇年八月には各校との対抗試合がそれぞれ一試合ずつとなり、引き分けを排して必ず勝敗を決することとされた。こうしてラジオによる実況が減少していき、四二年十月の早慶戦が戦前最後の六大学野球の実況となった。そして、翌年の四月には、文部省の指示によって六大学リーグそのものが解散に追い込まれるのである。

一方、甲子園大会の最後の中継は、四二年八月。全国男子中等学校体育大会

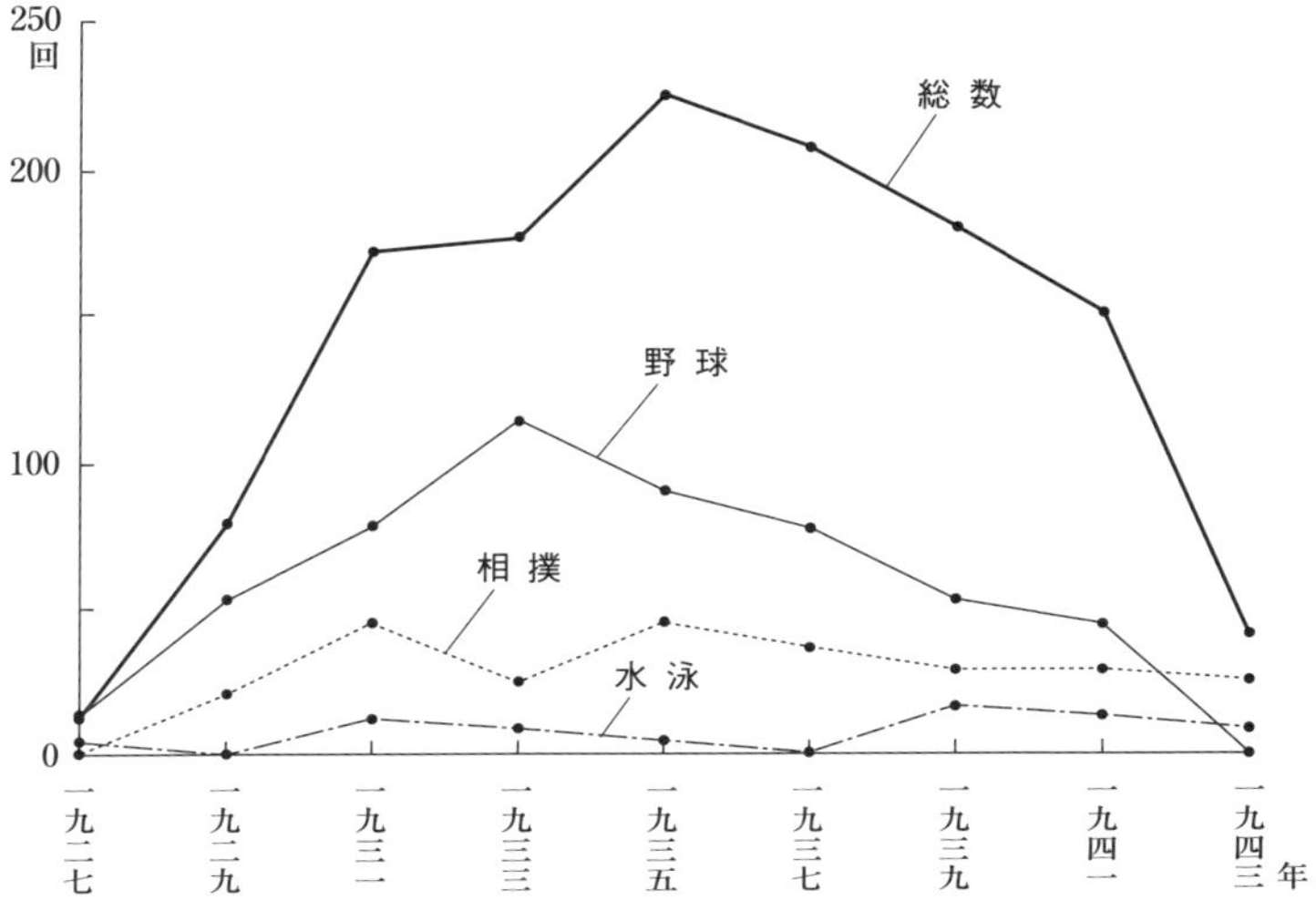

●—ラジオでのスポーツ放送回数の推移(1927〜43年)
『東京日日新聞』各号のラジオ欄より集計
高津勝『日本近代スポーツ史の底流』(創文企画、1994年)より。

●—戦闘帽のプロ野球選手
戦時下の巨人軍選手。戦時下には帽子が戦闘帽となり、試合前のアトラクションとして、軍服を着た選手による手榴弾投げ競技などが行なわれた。左からスタルヒン、呉波、白石敏男。

の一部門として開催されたその決勝戦、徳島商業対平安中学であったが、国内放送は、すでに東京発の全国放送(第一放送)と各局ローカル放送だけに制限され、甲子園大会も連日中継したのは大阪放送局だけで、それ以外は大会初日と決勝しか放送されなくなっていた。

これに対し、プロ野球は日本野球報国会に名称を変え、四四年九月の日本野球総進軍野球優勝大会まで「日本精神」に即した健全娯楽として活動をつづけたが、その実況放送は、六大学や甲子園大会よりも一年ほど早く、四一年秋を最後にすでに姿を消していた。

太平洋戦争の勃発以降、外来スポーツへの批判がより強まっていったことは、以上の経緯にも示されているが、英米との戦争の開始は、英米生まれの外来スポーツに対する批判を決定的なものにしていった。野球の実況放送がラジオから完全に姿を消すのは、四三年以降だが、太平洋戦争がはじまってからは、その放送内容に対しても、「個人の美技などに重点を置かず全体としての運動精神、敢闘精神」をつかんで放送するようにといった指示が内閣情報局▲などから出され、アナウンサーらを悩ませていた。

▼**内閣情報局**　一九四〇年十二月に内閣総理大臣の管轄下に設置された厖大な規模の政府機関。国策遂行の重要事項に関する情報収集、報道・宣伝等のほか、それまで内務省、外務省、逓信省《ていしん》で実施されてきた新聞、雑誌、出版、映画、演劇、レコード、ラジオ放送などの検閲と取り締まりを一元化し、強力に実施した。

Ｆ少年の地元愛知県では、四三年一月、県政調査会内政部委員会で「野球排撃決議」をあげ、英米戦を勝ち抜くために野球をはじめとする英米的なスポーツを学校をはじめ全県下から徹底的に排除し、日本古来の武道や銃剣道を奨励すべきであるとした。Ｆ少年がいう三角ベースさえやれない状況というのは、こうしてつくられていったのだろう。

相撲中継

Ｆ少年が自分流に楽しんだという、もうひとつの「聞くスポーツ」が大相撲だが、こちらの場合はどうだろうか。

野球の実況放送の減少ぶりは先にみたとおりだが、大相撲の実況放送は、日中戦争がはじまってからも、さらには太平洋戦争に突入し、野球放送が一切なくなった一九四三(昭和十八)年以降も、ほとんどそのままの放送回数を維持した。

野球をはじめとする外来のスポーツが批判の対象となり、学校や地域から姿を消し、ラジオをはじめとするメディアからも消えていく一方で、日本の伝統

▼国民学校の相撲　一九四三年五月、東京市中野新井国民学校で。

文化である相撲は国家的な保護のもとで隆盛をきわめていったのである。たとえば文部省は、三六年六月から小学校五、六年男子向けの体育教材に相撲を加え、四二年九月には対象学年を高等科一、二年にまで広げた。▲また、太平洋戦争下において相撲は、「健民運動」の一種目としても取り上げられ、四三年の夏には全国各地の町内会で土俵がつくられた。雑誌『野球界』が『野球と相撲』となり、さらには『相撲界』へと改題を余儀なくされるような事態が、こうしてつくられていったのである。

だが、国家的な庇護のもとにあった相撲にも戦争による制限が加わっていく。ラジオの放送回数だけを見ていると、相撲のばあいは戦争の影響が皆無であるかのようにみえるが、放送時間は現状維持ではなく、大幅な削減を余儀なくされていくのである。大相撲の実況放送は、太平洋戦争に突入した直後の四二年春場所から、日曜日の初日、八日目、千秋楽の三日間だけに限定され、それ以外の日は午後六時の「小国民の新聞」のあとで、一五分間に圧縮・編集された録音が放送された。そして、大相撲の国内向けラジオ放送は、四四年の秋場所を最後に一切中止となる。

ところで、この時期の相撲界の人気力士といえば、何といっても双葉山である。なかでも、三六年の春場所から三九年の春場所まで、三年に及んだ六九連勝の大記録は国民の関心の的となり、人々を熱狂させた。双葉山人気に沸く国技館は、前日の夜から観客が押し寄せ、取り組みがはじまるころには超満員となり、ラジオの実況に多くの人々が釘づけとなった。当時中学生だった作家の安岡章太郎にいわせれば、連勝をつづけていた双葉山が安芸《あき》ノ海《うみ》に敗れた時のラジオ放送の興奮は、後に日本海軍が英極東海軍の戦艦二隻を撃沈した時のそれに匹敵するほどのものだった。

F少年も双葉山ファンの一人だったわけだが、『相撲百年』の著者相馬基《そうまもとい》は、

無人の野を往くように、新横綱双葉山は、太刀山を凌駕する連続の星をきれいにならべて、超人的偉業はいつ果てるとも知れなかった。

昭和十二年七月、蘆溝橋の事件から大陸に戦乱は拡大していった。日本軍の破竹の進撃を双葉山の常勝ぶりになぞらえて、随喜した世評は、彼を国技館の英雄から、日本の守護神のように祭りあげた。

とのべている。相馬は、大学を卒業した一九二四年より東京日日新聞の記者と

なり、もっぱら大相撲の評論、解説を担当した人物である。

また、当時東京高等歯科医学校の学生であった小坂秀二も、『伝説の名横綱双葉山』のなかで、「彼の無敵ぶりは、皇軍無敵の進撃と結びつけられ、象徴とされていた。それだけに双葉山の人気というものはものすごく、その無敵ぶりは国民全部の注目の的となっていた」とのべている。

双葉山の連勝と日本軍の中国大陸における戦績とが結びつけられ、双葉山が〝無敵日本〟のシンボルとしてとらえられていたというのである。大相撲は、戦時下にも生き残ることができた数少ない国民的な娯楽であったが、それは当時の人々にとって単なる「楽しみ」の対象にとどまらず、〝無敵日本〟のシンボルとなり、人々を励ましたというのだ。

こうした事実をどのように評価すべきか。双葉山の連勝は、日本の無謀な侵略を肯定するような軍国主義的な意識を日本国民に浸透させていくうえで、格好の触媒として作用したということなのだろうか。

この問題も非常にデリケートであり、そうした側面ももちろん否定できないだろう。だが、同時にそれは、軍国主義的な意識というよりも、戦場の兵士た

●—1936年の夏場所で全勝優勝し、初の賜杯を手にした双葉山　45年の引退まで12回優勝し、うち８回は全勝優勝。

●—軍隊慰問で戦車に乗る双葉山（1940年９月）

●—満州・華北慰問団に参加した双葉山（中央、1938年）

ちや彼らの無事を祈る家族たちの切実な願望と一体となったものであったのではないか。双葉山を国技館の英雄から、日本の守護神へと祭りあげたもの。それはメディアでも、また軍部でもなく、実は民衆自身の願望だったのではないだろうか。

百人斬り競争

『東京日日新聞』の一九三七(昭和十二)年十二月十三日付。その第九面は、スポーツの記事で埋め尽くされている。プロ野球の大毎杯争奪戦で、沢村投手を擁する巨人がライオンを四対〇で破って優勝し、三位決定戦ではタイガースがイーグルスに五対二で敗れる。東西対抗学生サッカーでは、慶応が京大を三対〇で破り、「慶大の制覇成る」。

さらにその下には、「蹴球世界選手権に不出場声明を決定」という見出しがあるが、これはその翌年、三八年にフランスで開催されるサッカー・ワールドカップ▲の予選についての記事である。日本は、アジアでエントリーしている唯一の国、オランダ領インドネシア(蘭印《らんいん》)と上海で対戦する予定であったが、試合

▼サッカー・ワールドカップ　国際サッカー連盟(FIFA)が主催する四年に一度の世界選手権大会。FIFAに加盟する協会の代表チームによる大会で、第一回大会は、一九三〇年にウルグアイで開催された。第二回が三四年のイタリア大会、そして第三回が三八年のフランス大会。以後、第二次大戦による中断をはさんで、五〇年に第四回大会がブラジルで開催され、二〇〇二年の韓国・日本共催大会が第一七回大会となる。

の開催は現在の状況では不可能であり、サイゴンに試合会場を移動するという国際サッカー連盟の提案に応じることも困難と判断し、予選出場を見送るというものである。

戦前にも存在した日本のサッカー・ワールドカップ初出場の夢。それは、日中戦争の勃発によってあえなく潰え去ったのだが、この日の『東京日日新聞』の他の紙面は、実は日中戦争のなかでももっとも悲惨な南京攻略の最後の局面、陥落の前日の模様を大々的に報じている。

そのなかでも、わが目を疑うショッキングな記事が「百人斬り競争」だ。片桐部隊の向井敏明、野田巌両少尉が、三七年十二月十日の紫金山《しきんざん》攻略戦の際に百人斬り競争という「珍競争」をやり、一〇六対一〇五という「超記録」をつくったというのである。

刃こぼれした日本刀を片手に対面した両少尉は、互いの成果を聞いて「アハハ」と笑い、結局どちらが先に百人を斬ったかわからないので、「ドローと致そう、だが改めて百五十人はどうじゃ」ということになり、十一日から百五十人斬りがはじまった。記事はこのように報じている。

この記事は、現在中国の中学校の教科書『中国歴史』のなかで、日本軍による南京事件の惨《むご》たらしさを象徴する史実として引用されているが、こうした記事が堂々と一般紙に登場していること、これをどう考えればいいのだろうか。

南京事件の惨たらしさは、外国人ジャーナリストたちによって諸外国に伝えられたが、日本国内ではほとんど報道されなかった。大新聞や総合雑誌は、すでに徹底的な取り締まりのもとにあり、小規模な雑誌さえも国家統制の網の中にあったからである。「日本軍に対し行動疑惑ある部落の如きは之を攻め妻女の前にて夫を斬り子の前で親を撃ち家に火を放ち之を掃蕩《そうとう》する事もあります」といった『日本武道新聞』の記事が発禁処分となったのもその一例である。

こうしたなかで、百人斬りの記事が大新聞で堂々と報道されたのはなぜだろうか。このような記事がなぜ発禁処分の対象とならなかったのだろうか。

この記事を読んで、奇異に感じるのは、人を日本刀で斬るという残忍な行為が、「珍競争」や「ドロー」「超記録」といった言葉を用いて、まるでゲームや活劇であるかのように奇妙に明るく描かれていることである。南京事件の惨たらしさや日本軍の惨忍さを示すものではなく、日本の将校の勇敢さや優秀さを示す

百人斬り"超記錄"

向井106―105野田

兩少尉さらに延長戰

【紫金山麓にて十二日淺海、鈴木兩特派員發】南京入りまで"百人斬り競爭"といふ珍競爭をはじめた例の片桐部隊の勇士向井敏明、野田巖兩少尉は十日の紫金山攻略戰のどさくさに百六對百五といふレコードを作つて十日正午兩少尉はさすがに刃こぼれした日本刀を片手に對面した

野田「おいおれは百五だが貴樣は？」向井「おれは百六だ！」……兩少尉は"アハハハ"結局いつまでにいづれが先きに百人斬つたかこ

"百人斬り競爭"の兩將校

（右）野田巖少尉（左）向井敏明少尉

●――新聞に報道された「百人斬り競争」の記事

●――中国の歴史教科書に掲載された「百人斬り競争」の記事

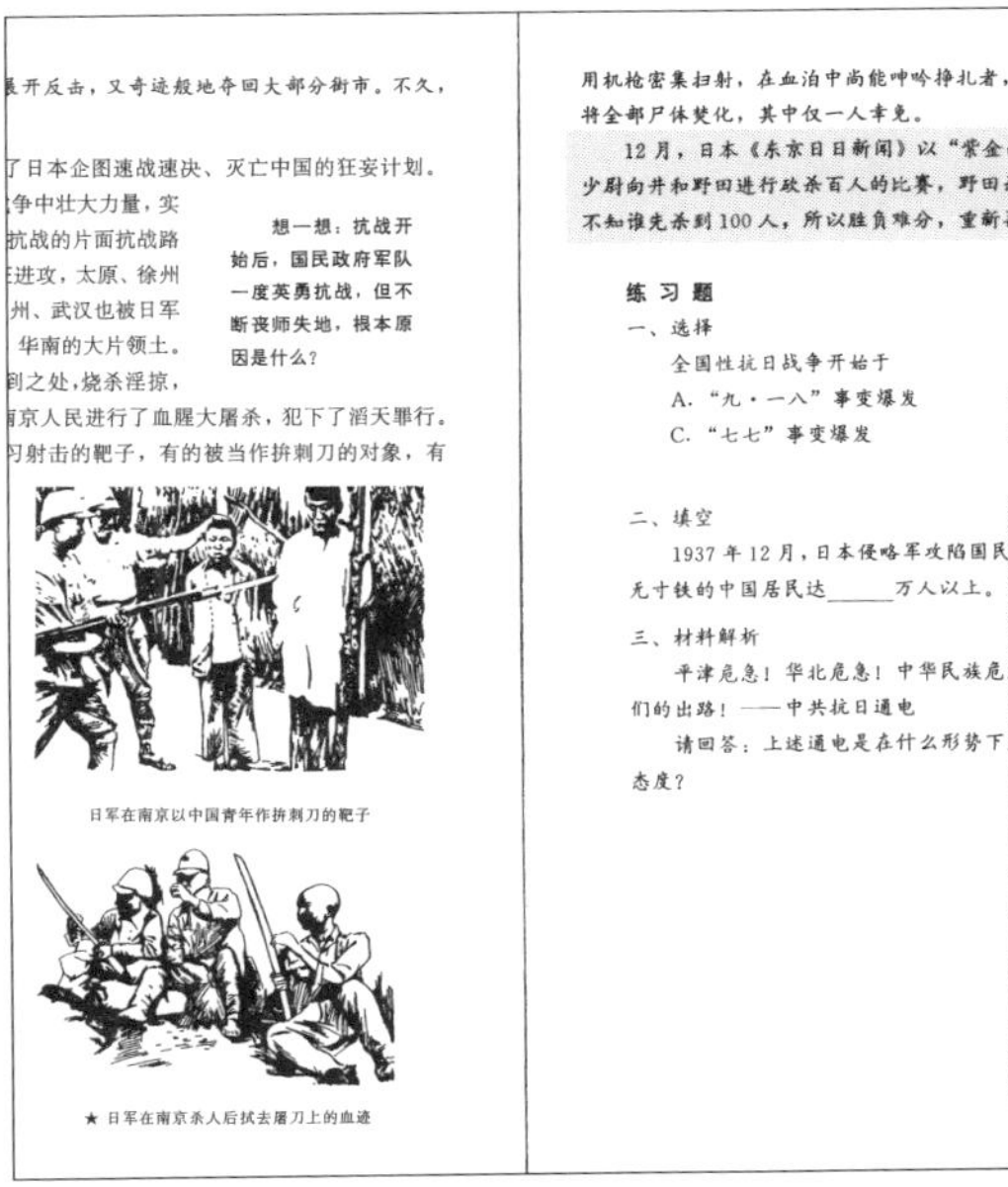
展开反击，又奇迹般地夺回大部分街市。不久，

了日本企图速战速决、灭亡中国的狂妄计划。

争中壮大力量，实

抗战的片面抗战路

进攻，太原、徐州

州、武汉也被日军

华南的大片领土。

到之处，烧杀淫掠，

南京人民进行了血腥大屠杀，犯下了滔天罪行。

习射击的靶子，有的被当作拚刺刀的对象，有

想一想：抗战开始后，国民政府军队一度英勇抗战，但不断丧师失地，根本原因是什么？

日军在南京以中国青年作拚刺刀的靶子

★ 日军在南京杀人后拭去屠刀上的血迹

用机枪密集扫射，在血泊中尚能呻吟挣扎者，均被刺刀砍戳（lù）。最后，日军将全部尸体焚化，其中仅一人幸免。

12 月，日本《东京日日新闻》以“紫金山下”为题，报道如下消息：日军少尉向井和野田进行砍杀百人的比赛，野田杀了 105 人，向井杀了 106 人，但不知谁先杀到 100 人，所以胜负难分，重新再赌谁先杀满 150 名中国人。

练 习 题

一、选择

全国性抗日战争开始于

A.“九・一八”事变爆发　　B.“一・二八”事变爆发

C.“七七”事变爆发　　D.“八・一三”事变爆发

答（　　）

二、填空

1937 年 12 月，日本侵略军攻陷国民

无寸铁的中国居民达______万人以上。

三、材料解析

平津危急！华北危急！中华民族危

们的出路！——中共抗日通电

请回答：上述通电是在什么形势下

态度？

痛快な事件に仕上げられていること、おそらくこれが発禁処分の対象とならなかった理由であろう。

　こうした記事や帰還兵士の自慢話などによって、「大和魂の保有者である忠勇無双のわが将兵が、万国無比の霊器である日本刀を振りかざしてゆけば、向かうところ敵なし」といった妄想が増幅されていくことになるのだが、中国戦線における日本刀の使用は▲、剣道界にも予想をこえたインパクトを与え、剣道そのものを戦闘技術へと変えていった。戦場での日本刀の実戦性が叫ばれるなかで、一九三九年三月には「一本勝負」を原則とするようにルールが改正され、四三年には竹刀の寸法も操作技術も日本刀に近づける改正がなされるのである。

　戦時下に野球をはじめとする外来スポーツが弾圧されていくなかで、相撲以上に国家的な保護を受け、奨励されていった剣道は、戦後、連合国軍総司令部(GHQ)によって八年間にわたって禁止されることになる。▲剣道に対する禁止措置は、柔道や弓道以上のものであり、おそらく世界でも類がない重いペナルティだと思われるが、それは、文部省の通牒(一九四六年八月二十五日付)の中にも明記されているように「剣道は戦時中刀剣を兵器として如何に効果的に使用

▼**日本の軍隊と日本刀**　欧米諸国が第一次大戦を境に白兵主義(刀や銃剣などを用いた肉薄戦を重視する思想)を捨てていったのに対して、日本の陸軍は日露戦争後より白兵主義を積極的に打ち出した。そして陸軍は、満州事変以降、日本刀を重視し、サーベル式の外装となっていた将校の軍刀を日本刀の形式に改めた。

▼**GHQによる武道の禁止**　敗戦後、GHQの指導のもとで学校武道は全面禁止となった。また、社会体育としての武道も、とくに剣道に対しては、公的な施設を使用することも、組織・団体を結成して活動することも禁止するという全面禁止に匹敵する厳しい措置がとられた。こうした禁止措置が解かれ、学校体育のなかに武道が復活するのは、柔道が一九五〇年、弓道が五一年であったのに対して、剣道は五三年であった。

すべきかを訓練するに利用された事実がある」からであった。

「百人斬り競争」をはじめとする中国戦線での日本刀の「活躍」。それは日本の伝統的な民族文化である剣道の歴史に大きな傷痕を残しただけでなく、中国をはじめ他のアジア諸国の人々等にとって、今なお生々しい体験として記憶されつづけているのである。

⑤——「冷戦」の時代とその終焉

はためく統一旗

二十世紀最後のオリンピックは、二〇〇〇(平成十二)年、オーストラリアのシドニーで開催された。一九九の国・地域、そして個人参加の東ティモールをふくめて計一万一〇八四人の選手が集ったシドニー五輪。その開会式では、大韓民国と朝鮮民主主義人民共和国の両選手団がはじめて統一旗を掲げて合同で入場行進を行ない、多くの人々に深い感銘をあたえた。

それは、一〇〇年をこえるオリンピックの歴史のなかでも、もっとも感動的な光景のひとつとして世紀をこえて伝えられていくだろう。

朝鮮半島を北緯三八度を境に真っ二つに引き裂いたもの、その正体が「冷戦」であったことは世界の誰もが知っている。それゆえに、シドニー五輪での南北両選手団の同時行進は、「冷戦」という第二次大戦後の国際政治の枠組みそのものが崩壊したことをあらためて印象づけ、また、自らの意志と力で朝鮮半島の平和的統一が進められつつあることを世界にアピールするものとなったのだ。

●—シドニーにはためく統一旗　シドニー五輪の入場式で、統一旗を掲げて一緒に入場行進する大韓民国と朝鮮民主主義人民共和国の選手たち。

▼JOC臨時総会　前列、左から柴田委員長、柳川文部省体育局長、右端が河野体協会長。

「冷戦」。それがスポーツの世界に及ぼした影響は計り知れない。一九五二（昭和二十七）年にソ連と東欧諸国がオリンピックをはじめとする国際大会に復帰して以降、それらの大会が東西両陣営の〝代理戦争〟としての色彩を強め、つい最近まで狂気じみたメダル獲得競争がくり広げられてきた。

こうした中で、日本のスポーツ界が「冷戦」の影響をもっとも強烈な形で受けることになった事件が、モスクワ五輪ボイコットであった。

モスクワ五輪ボイコット

一九八〇（昭和五十五）年五月二十四日、午後二時三十五分。東京原宿の岸記念体育会館。日本体育協会の本部ビルであるこの建物の地下講堂で、日本オリンピック委員会（JOC）の臨時総会▲が開催され、日本がモスクワ五輪をボイコットするか否かについての最終決定がなされた。結果は、ボイコット賛成二九、反対一三、棄権二。かくして日本のモスクワ五輪ボイコットが決定し、大きな衝撃が日本中を駆けめぐった。

ソ連のアフガニスタン侵攻への対抗措置として、モスクワ五輪ボイコットを呼びかけたのはアメリカのカーター大統領だったが、日本は結局このアメリカ政府の呼びかけにこたえ、西ドイツやカナダ、韓国などとともに西側の一員としてモスクワ五輪ボイコット▲を決定したのである。それは、当時大学生だった私にとっても、にわかには信じがたい衝撃的な事件だった。

日本がモスクワ五輪のボイコットを最終決定したＪＯＣの臨時総会。この会議の冒頭、ＪＯＣの柴田勝治委員長は、政府側の代表者として文部省体育局の柳川覚治局長のオブザーバー出席を認めていただきたいとのべ、これが了承される。こうして政府の代表者が同席するという異常事態のなかでＪＯＣ総会がスタートしたのであった。

つづいて柴田委員長は、ＪＯＣはモスクワ五輪をボイコットすべきである、という日本体育協会の決議を重要な参考としたいと主張した。この体協決議は、この日の午前中に開催された臨時理事会で採択されたものだが、それは二〇名の体協理事のほかに、伊東正義官房長官、そして柳川文部省体育局長ら政府の代表者がオブザーバーとして出席して政府の本心をぶつけるという、これまた異常事態のなかで決定されたものであった。

▼モスクワ五輪ボイコット　すべての西側諸国がボイコットに応じたわけではない。カーター米大統領からボイコットの要請を受けたイギリスやフランス、イタリアでは、政府の圧力にもかかわらず、各国のオリンピック委員会がモスクワ五輪参加を決定し、選手を派遣した。

「体協理事会の決議は、率直にいってＪＯＣ自治権への介入だ。背後に大きな圧力がある」。ＪＯＣ総会でなされた藤田明委員のこの発言は、モスクワ五輪ボイコット問題の核心をついているといっていいだろう。体協理事とＪＯＣ委員の多くがオーバーラップしていた当時にあって、この体協決議はＪＯＣ総会に向けての強力な根回しを意味したのだった。

ＪＯＣ総会は、各委員が賛否両論それぞれの意見をのべ議論を重ねた後、ボイコットを支持する柴田委員長の見解▲が打ち出され、結局この委員長見解に賛成か反対かを挙手で問い、賛成多数でボイコットを最終決定するのである。

伊東官房長官は、その三カ月以上も前の記者会見で、「政府とＪＯＣは九九パーセントまで一体である」とのべ、モスクワ五輪ボイコットについての自信のほどを明らかにしていた。ＪＯＣは独立したひとつの民間機関のはずであるが、組織上それは日本体育協会の傘下にあった。そして体協は、元参議院議長河野《こうの》謙三会長を通して政府と密接な関係にあり、この年の体協の予算総額の五〇パーセント以上、約三〇億円のうちの一五億八〇〇〇万円を国庫補助でまかなっていたのである。伊東官房長官の自信は、こうした政府→体協→ＪＯＣの

▼ＪＯＣ総会での柴田委員長見解　ボイコットの理由として柴田委員長は、①モスクワ五輪が友好と平和に裏づけられて安心して競技ができる状況になく、各競技団体の意向も参加八、不参加七、ＪＯＣ決定に一任が一二という状況にあること、②アメリカ、西ドイツがボイコットを決定し、さらにアセアン諸国をはじめアジアの大半が参加しないという現実、③日本体育協会の決議を重視しなければならないこと、④日本政府の見解も無視することができないこと、以上の四点をあげた。

組織構造に裏づけられたものであったとみていいだろう。そして実際、人的にも財政的にも政府と密接な関係にある体協でまずボイコット決議がなされ、それがＪＯＣの意向を左右するほどの力をもつことになったのである。

それだけではない。日本政府は、モスクワ五輪の政府派遣補助金約六〇〇〇万円を見合わせるといった脅しや公務員の五輪参加禁止によってＪＯＣに直接圧力をかけていた。さらに土壇場でＪＯＣを押さえ込むような体協のボイコット決議、文部省体育局長のＪＯＣ総会への出席、その面前でなされた挙手による多数決(従来は満場一致方式)という異例の採決法など。これらによって、日米両政府はＪＯＣの意思をコントロールすることに成功したのである。

スポーツと政治の新たな関係に向けて

戦後の日本国憲法では、宗教団体の自由、教育や慈善事業の自由を擁護するために第八九条をもって、それらに対する公金の支出を禁じている。社会教育関係団体である民間のスポーツ団体も当然その枠内にあり、社会教育法の第一三条という、より具体的な法規定によって補助金の交付が禁じられていた。

ところが、この社会教育法の規定が一九五九(昭和三十四)年の改正によって大きく変更され、補助金の交付が認められるようになるのである。〃非援助・非介入〃という従来の原則の転換を意味するこの法改正をめぐって、国会の内外で賛否両論が激しく戦わされたが、こうした転換をもたらすひとつの突破口となったのが、全国的及び国際的なスポーツイベントに対する財政援助(日本体育協会への補助金交付)であり、その延長線上にあったのが東京オリンピックの開催であった。

こうして〃非援助・非介入〃に代わって〃援助・非介入〃という原則が新たに掲げられることになったわけだが、モスクワ五輪ボイコット事件は、こうした原則と現実とのあいだのギャップ、それがいかに大きなものであるのかを鮮明に示したのである。

JOC総会の場で、安斎《あんざい》実委員が「政府のやり方は弱い者いじめだ。口は出さず金を出すべきだ」と批判したことは、そのことを象徴しているといってもいいだろう。

冷戦体制が崩壊した今、モスクワ五輪ボイコットのような事件がふたたび世界を巻き込むことはないだろう。しかし、モスクワ五輪ボイコットは、日本にとって単なる過去の事件として忘れてしまうわけにはいかない独自の重みを持っているように思う。なぜなら、それはこの国においてスポーツがどんなに深く政治に従属しているかを白日のもとにさらけ出した屈辱の記念碑であり、スポーツの自立やその文化的成長を願う人々にとって、今なお克服されるべきスタートラインでありつづけていると思われるからだ。

●—写真所蔵・提供者一覧(敬称略，五十音順)

朝日新聞社　　p. 7上, 18, 57上, 65上, 89, 90

稲葉言治『運動競技資料とオリムピック事情』東京毎夕新聞社　　p. 53上

(財)大宅壮一文庫　　p. 65下

共同通信社　　p. 3下

宮内庁　　p. 20

時事新報社・大阪時事新報社編『第六回極東選手権競技大会記念写真帖』
　十字館　　p. 17

人民教育出版社歴史室編著『中国歴史　第4冊』人民教育出版社
　p. 85下

(財)日本高等学校野球連盟(版権所有)・朝日新聞社(提供)　　p. 31上

(財)日本サッカー協会　　p. 7下

(財)日本体育協会　　p. 9下

日本体育協会編『スポーツ八十年史』　　p. 13上

日本体育協会編『日本体育協会五十年史』　　p. 13下

一橋大学附属図書館　　p. 56

ベースボール・マガジン社編『日本スポーツ50年史』　　p. 31下

毎日新聞社　　扉, p. 9上, 30, 53中・下, 57下, 78, 81, 85上

(財)野球体育博物館　　カバー裏

読売新聞社　　カバー表, p. 3上, 58, 75下

所蔵者不明の写真は転載書名を掲載しました。

橋本一夫『幻の東京オリンピック』日本放送出版協会, 1994年
孫基禎『ああ月桂冠に涙』講談社, 1985年
日本体育協会編『日本体育協会七十五年史』, 1986年
リチャード・マンデル(田島直人訳)『ナチ・オリンピック』ベースボール・マガジン社, 1976年(原著：Richard D. Mandel, *The Nazi Olympics*, University of Illinois Press, 1987.)
レ・デ・グラツィア(豊下・高橋・後・森川訳)『柔らかいファシズム』有斐閣, 1989年

④―戦時下のメディアとスポーツ

藤松博ほか「文化としてのスポーツ」『文化フォーラム』9号，中京大学文化科学研究所, 1997年
藤野豊『強制された健康』吉川弘文館, 2000年
坂上康博『にっぽん野球の系譜学』青弓社, 2001年
赤澤史朗「戦時下の相撲界」『立命館大学人文科学研究所紀要』75号, 2000年
新田一郎『相撲の歴史』山川出版社, 1994年
安岡章太郎「すもう感傷記」，吉村昭編『相撲』作品社, 1991年
相馬基『相撲百年』時事通信社, 1976年
小坂秀二『伝説の名横綱双葉山』中公文庫, 1999年
大塚忠義『日本剣道の歴史』窓社, 1995年
中村民雄『史料近代剣道史』島津書房, 1985年
鈴木眞哉『刀と首取り』平凡社新書, 2000年

⑤―「冷戦」の時代とそのその終焉

池井優「モスクワオリンピック，ボイコットの政治過程」『慶應義塾創立一二五年記念論文集 法学部政治学関係』慶應義塾大学法学部, 1983年
池井優『オリンピックの政治学』丸善, 1992年
清川正二『スポーツと政治 オリンピックとボイコット問題の視点』ベースボール・マガジン社, 1987年
藤原健固『国際政治とオリンピック』道和書院, 1984年
寿岳功一「モスクワからソウルへ　聖火は消えず」『体育・スポーツ評論』3号, 1988年
関春南『戦後日本のスポーツ政策』大修館書店, 1997年

●─参考文献

坂上康博『権力装置としてのスポーツ ── 帝国日本の国家戦略』講談社, 1998年
高津勝『日本近代スポーツ史の底流』創文企画, 1994年
橋本一夫『日本スポーツ放送史』大修館書店, 1992年
加賀秀雄「ミリタリズムとスポーツ」, 中村敏雄編『スポーツナショナリズム』大修館書店, 1978年
加賀秀雄「日本総動員体制下のスポーツ」, 世界教育史研究会編『体育史』講談社, 1975年
木下秀明『スポーツの近代日本史』杏林書院, 1970年
岸野雄三・竹之下休蔵『近代日本学校体育史』日本図書センター(復刻版), 1983年
岸野雄三編『近代体育スポーツ年表』大修館書店, 1998年
丸山真男「日本におけるナショナリズム ── その思想的背景と展望」,『増補版 現代政治の思想と行動』未来社, 1964年

①─天皇杯の誕生

坂上康博「スポーツと天皇制の脈絡 ── 皇太子裕仁の摂政時代を中心に」『歴史評論』2000年 6 月号
坂本孝次郎『象徴天皇制へのパフォーマンス』山川出版社, 1989年
坂本孝次郎『象徴天皇がやってくる』平凡社, 1988年
日本体育協会編『日本体育協会五十年史』, 1963年

②─「スポーツ狂時代」の国家戦略

入江克巳『昭和スポーツ史論』不昧堂出版, 1991年
黒田勇『ラジオ体操の誕生』青弓社, 1999年
トニー・メイソン(松村・山内訳)『英国スポーツの文化』同文舘, 1991年

③─ナチ・オリンピック

中村哲夫「ナチス・オリンピックと日本 ── 近代日本オリンピック史の一断面」『三重大学教育学部研究紀要(人文・社会科学)』45巻, 1994年
中村哲夫「第12回オリンピック東京大会研究序説(Ⅰ)〜(Ⅲ)」『三重大学教育学部研究紀要(人文・社会科学)』36巻, 40巻, 44巻, 1985, 89年, 93年